Los cinco minutos de María

Alfonso Milagro

Los cinco minutos de María

Reflexiones para cada día del año

Edición renovada

Editorial Claretiana

Milagro, Alfonso
Los cinco minutos de María - 3a. ed. 9na. reimp.-
Buenos Aires : Claretiana, 2008
232 p.; 17 x 11cm.
ISBN 978-950-512-414-5

1. Oraciones Diarias. 1. Título
CDD 242. 2

Diseño de tapa:
Grupo Uno

Impreso en la Argentina.
Printed in Argentina.

1ª edición: mayo de 1980

ISBN: 978-950-512-414-5
Editorial Claretiana, 2001.

EDITORIAL CLARETIANA
Lima 1360 – C1138ACD Buenos Aires
República Argentina
Tels. 4305-9510/9597 Fax: 4305-6552
editorial@editorialclaretiana.com.ar
www.editorialclaretiana.com.ar

Prólogo

Pocas veces una mujer habló tan poco y, sin embargo, tuvo tanto que decirle a la humanidad, precisamente, a través de ese silencio.

Pocas veces una mujer, inferior y frágil para su cultura, fue capaz de superar los esquemas sociales y asumir con coraje el desafío de lo inexplicable a los ojos de los hombres, exponiéndose a la vergüenza y al desprecio, a la persecución y al exilio.

Nunca una mujer tan joven supo afrontar el privilegio por el que todas las generaciones la llamarán "bienaventurada" y, al mismo tiempo, conservar la conciencia plena de no ser más que la humilde servidora del Señor.

Nunca una mujer fue capaz de contemplar desde sus mismas entrañas la cercanía del misterio de Dios y, al mismo tiempo, no perder la capacidad de estar cerca también de los que necesitaban su ayuda.

Nunca una mujer que había sido elegida directamente por Dios para ser su madre lloró de dolor a los pies de la cruz porque, más allá de todo misterio y de toda promesa, el que acababa de morir era su único hijo.

Ensimismado por estos contrastes, a través de estos pensamientos cotidianos, el Padre Milagro nos ayuda a descubrir la grandeza de María, la privilegiada de Dios y, al mismo tiempo, su presencia materna que consuela y anima.

Como haciendo confluir dos vertientes de agua en un mismo río, sabe hablarnos de ella desde la teología, pero también desde la experiencia personal de la devoción. En efecto, si por un lado el Padre Milagro "explica" a María, por otro nos ayuda a percibir su amor y a amarla.

Fiel a la exitosa pedagogía de pequeños pensamientos cotidianos, esta obra viene en ayuda de nuestra falta de tiempo y tendencia a la dispersión. De esta manera, hace que esos cinco minutos de lectura cotidiana se conviertan al mismo tiempo en púlpito y altar, en reflexión y plegaria.

El editor

En esta nueva edición:

– Se tomaron las citas bíblicas de "El libro del Pueblo de Dios", traducción argentina de la Biblia que por su estilo resulta más cercana a nuestro lenguaje.

– Se cambió el orden de las oraciones diarias, buscando su consonancia con la reflexión propuesta.

– Se realizaron algunas adaptaciones que, sin alterar el estilo coloquial y popular de Alfonso Milagro, actualizan su mensaje.

Enero 1

En ninguna criatura se da tan perfectamente que Dios viviera en ella y que ella viviera en Dios como en María Santísima. Entre Dios y María hubo una estrechísima relación: Dios habitó en María en toda su plenitud, haciéndola su templo sagrado, y María vivió en Dios, entregada a la total realización de sus planes.

No nos olvidemos, y no dejemos a un lado, los planes de Dios sobre nosotros. Iniciemos el año poniéndonos a su disposición.

María, que recibiste la bendición y la misericordia de Dios, nuestro Salvador, ayúdanos a estar abiertos a Dios y a su amor en nuestra vida.

Enero 2

En las letanías invocamos a María como Reina de la paz y la misma celestial Señora nos ha prometido que la paz vendrá sobre el mundo si nos consagramos a su Inmaculado Corazón.

Desde el principio del año debemos comprometernos a vivir esa consagración al Inmaculado Corazón de María, haciendo que nuestra Señora sea la dueña de nuestra vida y ofreciendo cada mañana nuestras obras a su amor de Madre, simbolizado en su Inmaculado Corazón.

Todo lo haremos pidiendo su bendición maternal y todo lo haremos para agradarla y, por ella, agradar a Jesús.

María, que has visto consagrada tu morada por Dios, ayúdanos a vivir la consagración al Señor que iniciamos con nuestro bautismo.

Enero 3

Los hombres nos vamos a mirar unos a otros en una perfecta visión si nos miramos en Cristo, que ha de ser el punto de reunión de todas las miradas; y para que esas miradas lleguen a Cristo más purificadas, hagamos que pasen por el Corazón de María, que es la fuente en la que todo se limpia y todo se reviste de Dios, la fragua en la que nos despojamos de nuestras miserias pecadoras y adquirimos el fuego del amor a Dios. Los Santos Padres afirmaron que la devoción a María purifica y renueva el corazón a sus devotos.

María, ayúdanos a purificar nuestras miradas para que podamos descubrirte presente en nuestra vida.

Enero 4

María Santísima fue la criatura que más amó a Dios; lo amó con toda la intensidad de su Corazón; su amor a Dios superó al amor de todos los ángeles y santos; por eso María fue también la más amada por Dios.

Y es también la más amada de los hombres, sus hermanos; nadie tan alabada y bendecida como ella; nadie tan aclamada por los pueblos como ella; nadie tan invocado, ni con tanta confianza, como ella; a nadie se le reza con tanta devoción como a ella.

Es el reconocimiento de los hombres a la gran bienhechora de la humanidad; que en ese coro de alabanzas a María no quede tu voz silenciosa, ni suene disonante: canta las glorias y el amor de María.

María, alégrate, porque eres llena de gracia y Dios está contigo.

Enero 5

No se nos dice en el Evangelio que María fuera personalmente perseguida, pero María recibía como destinado a sí misma todo cuanto se dirigía contra su Hijo amado; por eso ella también se sintió molestada, perseguida, calumniada.

Pasó por esos amargos momentos y nos entiende a nosotros, sus hijos, cuando nos vemos en similares circunstancias.

Es difícil seguir el camino del Maestro. Por eso es difícil ser verdadero cristiano; pero, yendo de las manos de María, todo resulta más fácil y sale mejor.

María, que caminaste en la senda de tu Hijo Salvador, ven con nosotros a caminar y alivia nuestras dificultades.

Enero 6

El Espíritu de Dios condujo a María a través de las promesas del Antiguo Testamento, a la realidad de la redención. La iluminó para comprender, desde la fe, la historia y las profecías del pueblo de Israel. Proclamó y celebró, en el Magnificat, la misericordia de Dios hacia los humildes y los pobres y exaltó la fidelidad de Dios a las promesas hechas a los Patriarcas. Por eso la Iglesia la llama "Reina de los profetas".

Como María, el cristiano que se deja conducir por las mociones del Espíritu Santo y dirigir por sus luces llegará a una eminente santidad y la luz de la fe lo iluminará para conocer las cosas de Dios y gustar de ellas.

El Espíritu Santo obró en María la mayor obra humana y divina: la encarnación del Hijo de Dios. También en nosotros, por medio de María, obra la maravilla de nuestra santificación.

No hay alabanza digna de ti, Virgen inmaculada, porque en tu seno has llevado al que ni el cielo puede contener.

Enero 7

El amor es el motor de las acciones del cristiano, pero es también la brújula que orienta y al mismo tiempo la meta del esfuerzo que pone en seguir el camino. Así, el amor es la explicación de la vida del cristiano, como lo fue de la vida de la Virgen María, que podría sintetizarse como la vivencia plena y sin restricciones del amor a Dios y del amor al prójimo.

La piedad la invoca como "Madre del amor hermoso"; pidámosle, entonces, que nos enseñe a amar como ella amó, a quienes ella amó, y por los mismos motivos que ella los amó.

María, eres la síntesis perfecta del amor a Dios y al prójimo; enséñanos a amar de verdad.

Enero 8

Si somos compañeros de lucha de Cristo, también seremos sus compañeros de victoria; si vamos de la mano de María, no nos desviaremos del camino del bien, del camino del cielo; si caminamos prendidos de sus manos, no caeremos, pues ella nos sostendrá y, si por desgracia llegáramos a caer, ella pronto nos levantará.

Por eso nadie hay tan sereno, tan seguro, tan feliz, como el que vive el amor a la Virgen Santísima.

María, que a lo largo del camino de la vida nunca perdamos el rumbo por habernos soltado de tu mano.

Enero 9

La Virgen de Nazaret se considera la humilde servidora del Señor y sólo le interesa que se cumpla en ella la voluntad de Dios. Sin embargo, al ofrecer su humildad, Dios hizo de ella la maravilla más grande de la creación.

Si tú te lanzas al trabajo de tu propio crecimiento en la fe, Dios podrá hacer de ti un santo, pero será preciso que te esfuerces cada día; no seas río que sigue una línea tortuosa: sé un hombre recto y fiel a tus principios, a tus convicciones y a la voz de tu conciencia.

María, que la conciencia de nuestros límites nos haga crecer en humildad, pero no disminuya en nosotros el deseo de ser santos.

Enero 10

La obra de la redención no fue una obra fácil, ni para Jesucristo, ni para su Madre Santísima, que fue llamada a asociarse a la obra su Hijo; no fue fácil para ella que siete espadas atravesaran su dolorido Corazón; no fue fácil permanecer firme al pie de la cruz, donde agonizaba Jesús en medio de dolorosos tormentos.

Sin embargo, aunque no fue fácil, allí estuvo María, como la Mujer fuerte, dándonos su ejemplo para los momentos en que debamos enfrentar dificultades humillantes o dolorosas.

María, que tu fortaleza venga en nuestra ayuda a la hora del dolor.

Enero 11

La Virgen María siempre amó la verdad y el bien, porque ella no tuvo en su vida otro norte que hacer y cumplir en todo la voluntad de Dios, voluntad divina, que es verdadera y buena.

Si tú quieres construir en este mundo el Reino de Dios, deberás construir un mundo fundamentado en la verdad y en el bien. Para ello, para que cuanto hagas sea verdadero y bueno, realízalo conforme a la voluntad del Señor, tu Dios.

María, ayúdanos a caminar por la vida sembrando la verdad y el bien, sobre todo allí donde reinan la mentira y el mal.

Enero 12

La Virgen Santísima, que vivió en una permanente contemplación de Dios, no descuidó sin embargo el cumplimiento de sus deberes diarios, la atención de Jesús y de José, que integraban su hogar, las tareas domésticas, el arreglo de su pobre casa.

Todo eso lo hizo y lo hizo perfectamente, y lo hizo sin perder por ello la comunicación personal y afectiva con su Dios.

Mucho tendremos que aprender nosotros, tanto en un sentido como en otro.

María, ayúdanos a vivir con la mirada dirigida al cielo y los brazos extendidos hacia nuestros hermanos.

Enero 13

Cuando el día de la Anunciación María recibió el aviso del ángel y aceptó los planes de Dios, no conocía muchos detalles, pero se puso ciegamente en las manos de su Señor.

Ese será el mérito de nuestra fe: confiar plenamente en la bondad y en la providencia divinas. Aceptemos los planes de Dios y estemos seguros de que todo lo que Dios nos permita en nuestra vida ha de ser, en último término, para nuestro bien espiritual.

Arrojémonos, pues, como niños pequeñitos en los brazos de nuestro Padre Dios y dejemos que Él desarrolle en nosotros sus planes.

María, ayúdanos a confiar en Dios aun cuando todo nos empuje al temor y desaliento.

Enero 14

María se preocupaba en su vida más de amar que de comprender; amaba lo que comprendía y amaba lo que no comprendía; por sobre todas las cosas, ella amaba y todo lo vivía en la dimensión del amor.

¡Qué distinta sería nuestra vida cristiana si en todo nos moviera el amor, si el amor fuera la explicación de nuestras actitudes y reacciones! ¡Cómo progresaríamos en la santidad si así imitáramos a María!

María, que dijiste: "Hagan lo que Él les diga", concédenos docilidad de corazón a las enseñanzas de Jesús.

Enero 15

"Virgen amable, Madre amable, Virgen mansa"; así la llamamos a María Santísima; toda bondad, toda dulzura, toda amabilidad. Ella fue la que mejor imitó a Jesús en aquel precepto que de Él recibimos: "Aprendan de mí, que soy manso y humilde de corazón (Mt 11,27)."

¡Cuánta necesidad tenemos de la bondad de corazón, de la dulzura de carácter, de la suavidad de formas y de trato! ¡Qué distinta sería la vida si todos fuéramos más amables!

María, que nunca olvidemos que la dulzura forma parte del amor.

Enero 16

La Virgen orante se nos presenta como modelo para nuestras relaciones personales e íntimas con Dios nuestro Señor.

María siempre estuvo en oración, siempre vivió en conversación con el Padre como Hija suya predilectísima; con el Verbo, que era su Hijo amadísimo, y con el Espíritu Santo como su verdadera Esposa.

Nosotros no podemos olvidar que Dios uno y trino vive en nuestra alma por la gracia; si el Espíritu Santo mora en nosotros, prestémosle atención, no lo dejemos solo, acompañémoslo, démosle conversación, tratemos nuestras cosas con Él.

María, ora junto a nosotros, como lo hiciste con los apóstoles.

Enero 17

Siendo fiel a la Virgen, soy fiel a Cristo; si no reniego de María, no niego a Cristo; y si no niego a Cristo, no seré negado por Cristo ante el Padre.

Pero la mejor forma de que el Padre no me niegue es presentarme ante Él de la mano de María. Un buen método para conocer al hijo es conocer a la madre; la calidad del trigo se mide por la selección de la espiga; repitamos, pues, el clásico adagio: "A Jesús por María".

María, que fuiste fiel al Padre siguiendo a Jesucristo, ayúdanos a continuar este camino.

Enero 18

María amó a todos sin excepción y a todos les deseó el bien y el mayor bien que se puede desear: el amor de Dios. Porque, comparado con el amor de Dios, todo lo demás resulta insignificante, por valioso que se lo quiera suponer.

Y así, María por todos oró, por todos sufrió, por todos entregó a su Hijo, para que a todos salvara y redimiera.

Esta universalidad del amor de María es fiel modelo de lo que debe ser nuestro amor cristiano. El verdadero amor no es envidioso, no busca las cosas propias, sino que busca el bien de los demás. El verdadero amor cristiano debe ser definido como la entrega de sí mismo a los demás a imitación de María, que se entregó a sí misma y al que quería más que a sí misma: su Hijo Jesús.

María, que con amor te uniste a la entrega de tu Hijo, ayúdanos a entregarnos en el servicio a los hermanos.

Enero 19

María Santísima, como Jesús, su hijo, fue mansa y humilde de corazón. Su interior estuvo siempre en calma, aun en los momentos más atribulados. Al pie de la cruz, como la imagen de la fortaleza más grande, se mantuvo firme, sin desmayar.

Acudamos a la Virgen mansa y serena, buena, amable y bondadosa, sabiendo que seremos bien recibidos y escuchados.

María, Madre nuestra, a ti recurrimos confiados como hijos pequeños para recibir de tus manos la paz del corazón.

Enero 20

La Virgen fue pobre y vivió pobremente; no poseyó ni ambicionó bienes. María fue pobre de bienes, pero inmensamente rica en dones.

Esta verdad nos enseña que la escala de valores del Evangelio no coincide con la del mundo. Será muy conveniente que, de cuando en cuando, vayamos cotejando nuestra propia escala de valores con la que Cristo nos señala en el Evangelio, la misma que María vivió con fidelidad.

María, que llamada por Dios para ser su Madre, fuiste la "llena de gracia", haz que valoremos las gracias que Dios no deja de regalarnos.

Enero 21

Con su *sí*, María Santísima se puso en las manos de Dios para que sus planes se realizaran en ella, para que en ella se cumpliera plenamente su voluntad de salvación.

Dios también tiene planes para nosotros. No nos opongamos a su realización; acompañemos la acción amorosa de Dios en nuestra vida y démosle respuesta.

¡Ojalá que de nuestros labios y de nuestro corazón salga siempre –en las cosas agradables y en las que no lo son tanto– el *fiat* que pronunció María y que, al rezar el Padrenuestro, tratemos de pronunciar conscientemente la petición: "Hágase tu voluntad"!

María, modelo de entrega incondicional a Dios, ayúdanos a que nos entreguemos sin vacilación y sin reservas.

Enero 22

María es la Reina de los apóstoles. La formadora y Maestra de los apóstoles de ayer y de hoy.

Ella, desde su amoroso Corazón, impulsa y anima a todos cuantos se consagran al apostolado en las formas más diversas, ayudándolos a crecer en fidelidad al Evangelio, para poder comunicarlo a los demás. ¡Qué importante es que los apóstoles de hoy trabajen primero su fe y su fidelidad para que sus obras sean realmente evangelizadoras!

De María dice el Evangelio que fue feliz porque no solamente escuchó la palabra de Dios, sino que la cumplió.

María, "corazón" de la comunidad apostólica y orante, enséñanos a abrirnos al Espíritu Santo de Dios para que su luz siempre nos guíe.

Enero 23

El Concilio nos dice que la Madre excelsa del Redentor y humilde servidora del Señor, padeciendo con su Hijo cuando moría en la cruz, cooperó en forma extraordinaria a la obra del Salvador con la obediencia, la fe, la esperanza y la ardiente caridad con el fin de restaurar la vida de amistad con Dios en sus hijos. Por eso es nuestra Madre en el orden de la gracia (cf LG 61).

Si hemos tenido la desgracia de ofender a Dios, acudamos a María y roguémosle que nos consiga el perdón que necesitamos.

Y así como Dios nos perdona a nosotros, así nosotros debemos perdonar, entender y justificar a los demás.

Madre, cuida con amor de tus hijos para que no pierdan la vida que brota de la muerte y resurrección de Jesús.

Enero 24

El grito de "¡Crucifícalo!" que resonó en el pretorio del gobernador romano (cf Lc 23,31) señaló el comienzo de la pasión de Jesucristo, e inició también los sufrimientos de María. Aquel grito resonó en la profundidad de su corazón de Madre.

Que el Señor no permita que seamos irresponsables e indiferentes ante este misterio de dolor y entrega de Jesús y de su Madre. Unidos a María al pie de la cruz debemos asumir nuestra cruz como signo de amor al Señor y a nuestros hermanos.

María, ayúdanos a purificar el corazón y crecer en el amor asumiendo el misterio de la cruz y renovando la esperanza en la resurrección a una vida siempre nueva.

Enero 25

Impacta la humildad de la jovencita de Nazaret. Ningún ser humano recibió jamás un embajador tan honorable como ella: un arcángel, de parte de Dios mismo, le trasmite a María un saludo jamás escuchado por oídos humanos, y un mensaje que excede en honor y dignidad a cuanto el hombre pudiera imaginar.

Sin embargo, ella se juzga pequeña, indigna de tan alta dignidad y, en su profunda humildad, se titula "la esclava", la "servidora del Señor".

Con un corazón humilde como el de María, reconozcamos cada día los dones que recibimos de Dios y hagámoslos fecundar.

María, que precedes con tu luz al Pueblo de Dios peregrinante, tú eres el signo de nuestra esperanza y consuelo (cf LG 68).

Enero 26

Al saludar a María con el título de Virgen fiel, la Iglesia reconoce en ella la fidelidad a la Palabra de Dios.

No siempre esa palabra fue para María fácil y humanamente agradable. Muchas veces le resultó ardua, dolorosa y humillante. Dar a luz a su Hijo en una cueva y no hallar otra cuna que un pesebre, o ser tenida por la madre de un ajusticiado, de un iluso visionario, fue para ella una dura prueba. Pero María se mantuvo fiel, en todo momento, a lo que Dios quería de ella.

Como ella, el cristiano deberá ser fiel a su vocación bautismal aunque en ocasiones eso le demande mucha fortaleza de espíritu y perseverante valentía.

María, que seamos fieles en todo momento al amor de nuestro Dios.

Enero 27

En el Magnificat, María proclama la conducta de Dios con los poderosos de la tierra, con aquellos que, dominados por el dinero, por el poder, por la influencia, tienen como meta la conquista del mundo: Dios los derriba de su trono, de la altura de su soberbia; los deja vacíos de los bienes del cielo, por haber permitido que los bienes terrenos secaran su corazón.

Los humildes, por el contrario, son bendecidos por Dios, elevados a su gracia y su amor, y por eso llegarán a conquistar el cielo.

María, enséñanos la disponibilidad y la aceptación del plan de Dios sobre nosotros y el mundo.

Enero 28

María Santísima conoció a Dios por la oración y la fidelidad a la Palabra, que meditaba cada día, inspirada por las luces del Espíritu Santo.

Ese es también el camino que debemos seguir nosotros para llegar al conocimiento de Dios: la frecuente lectura y la profunda reflexión de la Palabra.

Pero, junto con ello, debemos solicitar la luz del Espíritu Santo por medio de una asidua y ferviente oración. Tengamos en cuenta que, si bien es bueno y necesario estudiar las cosas de Dios, a Dios, más que por los libros, se lo conoce por la oración.

María, que recibiste en plenitud los dones del Espíritu Santo, ayúdanos a desarrollar esos dones que recibimos con nuestro Bautismo y nuestra Confirmación.

Enero **29**

En María Santísima hallamos la ausencia de todo mal y la presencia de todo bien; ella no tuvo ningún pecado y poseyó todas las virtudes. Por eso la Iglesia la llama "Santa", "Santísima".

El cristiano debe apartarse del mal en su vida; debe huir de todo pecado, que es el verdadero mal, porque nos aleja de Dios. Pero no basta no hacer el mal; es preciso practicar el bien no confiando tanto en nuestra capacidad humana, sino en la presencia del Espíritu de Jesús que habita en nosotros y nos impulsa al amor y entrega a Dios y a los hermanos. El ideal del cristiano debe ser no decir nunca "basta" en el amor y la entrega.

María, perseverante en el amor y la entrega total al Padre, ayúdanos a crecer en nuestro amor y servicio.

Enero **30**

Nuestra Madre celestial tiene un Corazón inmensamente bueno y compasivo, un Corazón maternal.

Como madre que es, entiende muy bien a sus hijos, sabe que somos débiles y pecadores y por eso comprende nuestras caídas y nuestras limitaciones. Cuando nos ve caídos, nos mira con compasión y misericordia.

Nuestra Madre celestial sufre cuando nos ve sufrir a nosotros; sufre más cuando ve que nosotros no sabemos sufrir y perdemos el valor del sufrimiento.

¿Tenemos suficiente confianza en el Corazón maternal de María? ¿Es fuerte el lazo de amor que nos une a nuestra Madre del cielo?

María, fortalece nuestra confianza y ayúdanos a reconocernos como hijos amados por Dios.

Enero **31**

Si María Santísima es el modelo del cristiano, lo es de un modo muy señalado para la juventud, porque María siempre fue joven; muy joven cuando fue Madre de Dios, y siempre joven de espíritu; la fuente de su juventud está en la bondad de su corazón.

María tuvo siempre un ideal joven y por eso se ha convertido en el ideal de los jóvenes; ella fue siempre noble y digna, pura y limpia, inmaculada y santa, como debe ser todo ideal.

Si todo ideal es azul, como el color del cielo, la juventud toma el manto azul de la Inmaculada como el ideal de sus pensamientos y el imán que atrae sus afectos.

Aunque pasen los años por nosotros, no perdamos la juventud de nuestro espíritu, no perdamos la juventud de la Inmaculada.

Señor, ayúdanos a vivir como María, y, así, crecer en seguridad y alegría.

Febrero

Febrero 1

Dice el Evangelio que Cristo vino a este mundo a traernos la Vida, la verdadera Vida de Dios en nosotros: Cristo es esa Vida y esa Vida ha venido a nosotros por María.

El que vive esa Vida divina es más hijo de Dios y es más hijo de María; nada hay más importante y decisivo para el cristiano que vivir la vida de Dios, y desde ese "lugar", desde esa experiencia, contemplar y vivir todo lo demás.

Para vivir esa vida divina nos ayudará poderosamente la vigilancia y protección de la Santísima Virgen, tratando de imitar sus virtudes en todos nuestros actos, no olvidando recurrir a ella con frecuentes y fervientes plegarias.

Ven, Espíritu Santo, y ayúdanos a crecer en el silencio y la contemplación como María, para que sepamos conservar y meditar en nuestro corazón las palabras de Jesús.

Febrero 2

Entre los cristianos es muy frecuente representar a la Virgen con las manos juntas en actitud de oración, como queriendo decirnos que debemos elevar nuestros ojos hacia arriba, hacia el cielo, hacia Dios.

María Inmaculada, con las manos juntas hacia arriba, elevados sus ojos hacia las alturas, arropada con el manto azul, símbolo de su ideal, nos señala cuál debe ser nuestra meta.

¡Qué necesario es responder a la invitación litúrgica que nos dice: "Levantemos el corazón"! No puede el cristiano vivir arrastrándose a ras de tierra; debe elevarse hacia las alturas y lanzarse hacia Dios sin olvidarse de su misión en el mundo.

María, punto de enlace del cielo con la tierra, ayúdanos con tu presencia para que el Evangelio no se desencarne, ni se desfigure (cf Puebla 301).

Febrero 3

Toda comunidad debe tener una cabeza y un corazón; la comunidad cristiana tiene a Jesucristo como Cabeza y a María como Corazón.

El corazón es el motor que impulsa y da fuerza. María Santísima fue la que en los primeros días de la Iglesia dirigió a los Apóstoles, los animó, los orientó y les dio las fuerzas que necesitaban para ir por el mundo y evangelizarlo.

Si quieres que tu apostolado sea fecundo y que el cansancio no mine tu acción apostólica, ponte bajo la protección de la Reina de los Apóstoles.

María, alma de la primitiva comunidad, acompaña nuestros pasos y ayúdanos formar la comunidad cristiana.

Febrero 4

Cuando el ángel anunció a María que sería la Madre de Dios, la saludó llamándola "llena de gracia". Ella cooperó con la salvación de los hombres por su consagración a la persona y a la obra de su Hijo. La Iglesia la llama "Madre de la divina gracia" y "Mediadora de las gracias", por su unión a Jesucristo, el único mediador entre Dios y los hombres.

María es la fuente generosa de la que todos podemos beber el agua de la gracia de Dios. Acudamos a Ella y saciaremos nuestra sed de gracia y de vida verdadera.

María, intercede por nosotros para que alcancemos la gracia de tu Hijo que transforma nuestra vida.

Febrero 5

Momento a momento la Virgen María se fue dando a Dios y se nos fue dando a nosotros, pues la razón de ser de María, el porqué de su existencia, fue el ser Madre de Dios, pero precisamente Madre de un Dios Redentor.

Ella pensaba a cada momento en la donación de sí misma para nuestra salvación, porque ella con su Hijo Jesús se entregó por nosotros y cooperó con nuestra salvación.

Señor, que llamaste a María desde toda la eternidad para ser tu Madre, alienta la gracia de nuestro bautismo que nos hace hijos de Dios.

Febrero 6

Una de las bellísimas invocaciones de las letanías con la que invocamos a la dulce Virgen María es: "Reina de la paz".

No solamente porque la paz social nos va a venir por la intercesión de la Virgen María, según ella misma nos prometió en sus apariciones de Fátima, sino porque la Virgen nos da la paz del alma. Ella gozó de una auténtica y profunda paz en su alma, porque siempre estuvo habitada por el amor de Dios: la intimidad del alma de María fue tranquila y serena, mansa y pacífica; su Corazón no conoció turbulencia ni agitación.

¿Quién no quiere gozar de paz? ¿Quién no busca la paz exterior e interior? Pero no podremos gozar de paz exterior si no la conquistamos primero interiormente. Si no vivimos en paz con nosotros mismos, mal podemos vivir en paz con los demás.

Que como la Sagrada Familia de Nazaret, sepamos crecer en unión, trabajo y amor al servicio del Reino.

Febrero 7

El niño débil, consciente de su debilidad y de sus pocas fuerzas, acude a su padre y a su madre en demanda de auxilio.

Como niños pequeños, carentes de fuerzas en nuestro espíritu, debemos acudir a nuestro Padre Dios y a nuestra Madre del cielo, pidiéndoles fuerza para permanecer siempre fieles al amor de Dios y a nuestros principios de fe y de vida.

La oración a María, la plegaria filial y confiada a su Corazón maternal, nos alcanzará la protección liberadora, que nos alejará del pecado y nos hará permanecer fieles a nuestra conciencia, fieles a nuestro Dios.

María, Madre del amor hermoso, alienta en nosotros el amor de tu Hijo, y permítenos crecer en fidelidad a su mensaje.

Febrero 8

La oración de alabanza y la oración de acción de gracias fueron empleadas continuamente por la Virgen de Nazaret con el rezo de los salmos que a diario brotaban de sus labios procedentes de su Corazón.

¡Qué bueno sería que también nosotros alabemos y demos gracias de continuo a nuestro Padre!

Ofrezcamos nuestra alabanza a Dios uno y trino, con los ángeles que en el cielo entonan "¡Santo, Santo, Santo!", y con la creación entera, que "canta la gloria de Dios" (Sal 19).

Y démosle gracias cada día por tantos y tantos beneficios recibidos de su infinita bondad.

María, te veneramos por ser la Madre de Jesús y de todos los redimidos; todos los fieles expresamos nuestro amor y ternura de hijos.

Febrero 9

El hijo que deja pasar todo un día sin hablar con su madre difícilmente puede ser calificado como buen hijo. La Virgen, nuestra buena Madre, está continuamente a nuestro lado, dispuesta siempre a escucharnos y a ayudamos.

No podemos, pues, dejar pasar ni un solo día sin dedicarle algunos minutos de oración para saludarla, conversar con ella, consultarle nuestros problemas, pedirle su ayuda maternal, manifestarle que la amamos profundamente, que nos sentimos sumamente felices de ser sus hijos y prometerle que siempre le seremos fieles.

Que el Espíritu de Jesús aliente nuestra oración y nos permita abrirnos a Dios como lo hizo María.

Febrero 10

¡Virgen del silencio, que hizo silencio en su Corazón para poder escuchar de un modo más perfecto la Palabra de Dios! El ángel encontró a María retirada en su aposento, en silencio, sin actividad, en profunda oración de contemplación, dejando que el Espíritu Santo obrara en ella.

Nosotros obramos de modo contrario, hablando siempre, en activismo siempre, desarrollando intenso dinamismo, viviendo fuera de nosotros, viviendo la vida de los demás y no la nuestra. Vida de oídos, de lengua, de manos y pies, de actividad y movimiento...

Deberíamos lograr, cada día, un espacio y un tiempo de silencio, de retiro, de oración y de contemplación en el que pueda ser fecunda la Palabra de nuestro Dios.

Señor, enséñanos a disponer el corazón a la escucha como lo hizo tu Madre.

Febrero 11

No pretendamos ir a Jesucristo por un camino distinto del que Él siguió para venir a nosotros. Dijo Jesús: "Yo soy el Camino para ir al Padre". María Santísima puede muy bien decir: "Yo soy el camino para ir a mi Hijo".

María no es el fin del camino sino el camino para ir a Jesucristo ("A Jesús por María"). Y Jesucristo nos manifiesta que él es el Camino para llegar al Padre.

Si acertamos en el camino, llegaremos a la meta. María es el camino que siguen todos los buenos cristianos para llegar a Dios. No pretendamos nosotros inventar lo que ya está inventado, y nada menos que por Dios.

María, tu conoces el camino a Jesucristo; ayúdanos a llegar a Él; sabemos que de tu mano no podemos perdernos.

Febrero **12**

Nadie como la Virgen dolorosa sintió la soledad. La piedad cristiana titula precisamente "La soledad de María Santísima" –que veneramos el Sábado Santo– a la situación de María después del entierro de su Hijo Jesús.

A lo largo de nuestra vida seguramente nosotros también hemos experimentado o experimentaremos la soledad, ese espacio vacío, doloroso, a nuestro alrededor, la incomprensión de parte de las personas que más queremos... En esas circunstancias, no olvidemos que quien tiene a Dios nunca está solo. "Quien a Dios tiene, nada le falta", decía Santa Teresa de Jesús.

María, Madre de Jesucristo y de la Iglesia, condúcenos al Señor, y enséñanos a vivir la comunión con nuestros hermanos.

Febrero **13**

Si el encuentro con Dios produce felicidad, la búsqueda y el encuentro con la Madre del cielo llenan y satisfacen plenamente nuestro corazón.

Como el encuentro de la madre y del hijo es causa de felicidad para ambos, el encuentro y el trato del cristiano con la dulce Madre produce honda satisfacción, tanto en ella como en el cristiano, su hijo.

¡Y qué alegría tan grande y sostenida se vive cuando uno se siente así tan unido a María por el amor, cuando se sabe que ella es nuestra verdadera Madre y nos ama y nos cuida como tal!

Que tu presencia en nuestra vida, María, nos enseñe a dar a luz a Jesús en cada gesto de nuestro día.

Febrero 14

Toda la hermosura y toda la bondad de María brotan de su Corazón. La vida íntima de la Virgen se reflejó en su exterior: si sus ojos fueron limpios y puros, fue porque su Corazón fue virginal; si sus obras fueron santas, fue porque su espíritu vivía en santidad.

El cristiano tiene que ser santo y, además, tiene que parecerlo; debe "aparecer" lo que es en realidad; la falsedad y el fingimiento son anticristianos. Si el mayor esfuerzo debe estar puesto en *ser* más que en *parecer*, también debe cuidar que su vida "hable a los otros de Dios".

María, que contribuyes con tu presencia a la construcción del Reino de Dios, ayúdanos a buscar ese reino de justicia, de verdad, de amor y de paz.

Febrero 15

Es enternecedor el cuadro que nos muestra a María enseñando a Jesús a dar los primeros pasos. ¡Y pensar que la Virgen enseñó a Dios a caminar, a comer, a calzarse las sandalias!...

Si Dios hecho niño se subordinó a María para aprender algunas cosas, ¿cómo nosotros no vamos a aprender de ella muchas cosas? Sobre todo aprenderemos a caminar hacia Dios; ella nos tomará de su mano maternal y llegaremos con certeza a nuestro Padre Dios.

No nos olvidemos, pues, de aferrarnos cada día a las manos de María. Invoquémosla, recémosle, acudamos a ella con confianza y amor de verdaderos hijos.

María, modelo de la fe, enséñanos a vivir el Evangelio de tu hijo.

Febrero 16

Encontrarse con María, descubrir la persona de María, llegar a conocer la función maternal de María y su misión salvadora, es provechosísimo y de honda consolación para sus devotos.

Algunos han pasado al lado de María sin reconocerla; el trato que han tenido con ella ha sido un trato frío, poco menos que diplomático; hasta que un día descubrieron que ella es su Madre y, como tal, los protege y los guía.

Desde entonces su vida cambió fundamentalmente. Como huérfanos que un día felicísimos encontraron a su Madre y comenzaron a vivir con ella, una muy sentida alegría inundó su corazón.

María, "causa de nuestra alegría", gracias por darnos a Jesús que nos comunica su vida.

Febrero **17**

La Iglesia pone en los labios de la Virgen estas palabras: "Yo soy la Madre del buen Consejo". Sin embargo, tal vez ella pueda reprendernos diciéndonos: "Soy la Madre del buen Consejo, pero no me piden mi parecer".

Acertaríamos mucho más en nuestras determinaciones, serían mucho más prudentes nuestras decisiones, si antes de tomarlas consultáramos con nuestra Madre del cielo.

Cuando una madre aconseja a su hijo, siempre está acertada; pero cuando esa madre es la misma Madre de Dios, estamos absolutamente seguros de estar en la verdad.

María, confiamos en tu consejo para que él nos guíe a Jesús, en todo tiempo y circunstancia de nuestra vida.

Febrero **18**

Jesús es la Verdad y la Vida. Por eso la Madre de Jesús es la Madre de la Verdad y la Vida.

Madre de la Verdad, porque nos conduce a la Verdad, que es Jesús.

Quien está en Jesús permanece en la Verdad y está ciertamente con María.

María se convierte así en el camino más rápido y seguro para llegar a la Verdad y a la Vida.

María, que consagraste tu vida a la obra de tu Hijo, ayúdanos a comprometernos en el servicio a nuestros hermanos.

Febrero **19**

La madre es la lágrima que llora todas nuestras penas, la sonrisa que alegra todas nuestras dichas, el perdón que se nos ofrece para nuestras culpas, la mano siempre tendida para ayudarnos, el corazón siempre latiendo por nosotros, amándonos como sólo una madre puede y sabe amar, la oración elevada a los cielos por nuestras necesidades, el pensamiento que siempre nos tiene presentes.

Eso es una madre y esa es María y todo eso hace María con nosotros. Cuando uno toma conciencia de que es hijo de María, la vida se transforma.

María, te pedimos que en cada uno de nuestros hogares permanezca encendido "el fuego" de la familia de Nazaret.

Febrero 20

Aunque neguemos a María, y nos olvidemos de ella, María no desaparecerá. Ella seguirá cumpliendo amorosamente su rol maternal.

Los que perderemos seremos nosotros; nos veremos privados de luz, de fuerzas, de entusiasmo, del calor de su regazo materno, de las bondades de su Corazón.

La orfandad es triste, pero es inmensamente más triste si la elegimos nosotros. Si no conocer a la madre es causa de amarga pena, ¡cuánto más amargo será no querer reconocerla y aceptarla!

María, ilumina nuestra vida con la luz del Evangelio.

Febrero 21

Otra sugestiva invocación a María en sus letanías la llama "Espejo de Justicia". María no podía menos que serlo, por ser ella la primera feliz poseedora del Reino de Dios, que es un reino de justicia.

La verdad, el amor y la paz son las otras características del Reino de Dios y esas características son otros tantos rasgos de María, que es Reina de la verdad, Reina del amor y Reina de la Paz.

Cada uno de nosotros está llamado a construir un mundo nuevo, basado en el Evangelio. Un mundo en el que los grandes valores sean siempre la justicia, la verdad, el amor y la paz; cuanto se haga por estos valores, se hará por el Reino.

María, ayúdanos a vivir cada día desde la perspectiva de la fe.

Febrero 22

Será muy difícil encontrar un solo documento del magisterio eclesiástico que, en una u otra forma, no haga mención a María Santísima y a su obra en la Iglesia. Ella es presentada como ejemplo y modelo de la Iglesia, como el mejor exponente de la verdad, de la realidad teológica que se explica. Se presenta a María ante la consideración de los hijos de Dios como el primer fruto de la redención de Jesucristo.

El auténtico devoto de la Virgen es también no menos sincero y fiel devoto del magisterio de la Iglesia, de donde sabe que le habrá de llegar la verdad, el amor y la posesión de Dios.

María, Madre de la Iglesia, tú también eres Madre de la familia cristiana, pequeña Iglesia.

Febrero 23

La Virgen María es la "Madre del amor hermoso". Todo verdadero amor es hermoso. El amor humano, iluminado por la la fe y sostenido por el amor de Dios, cobra insospechados resplandores.

María es la Madre de ese amor que ennoblece, eleva y santifica; a ella debemos acudir para conseguir ese amor que nos hará felices y hará felices a cuantos nos rodean.

María, llamada bienaventurada, feliz, dichosa, porque Dios estuvo contigo, enséñanos que es posible ser feliz, porque todos podemos abrirnos al amor de Dios.

Febrero 24

María fue elegida para ser la madre del Hijo de Dios que, por obra del Espíritu Santo, se encarnó en su seno. Y fue también elegida para ser madre de los miembros de Cristo que constituyen la Iglesia. Esta es la razón de su existencia.

María es la guía y la estrella orientadora de la Iglesia de Jesucristo. El Señor Jesús, al pie de la cruz, encomendó a su Madre Santísima el cuidado de los hombres, el cuidado solícito de su Iglesia.

Por eso María va delante de la Iglesia como estrella que la guía, como norte y brújula que la orienta, como Madre que llama a sus hijos para llevarlos a Dios.

María, gracias por estar siempre presente en la Iglesia con tu maternal asistencia (Pablo VI).

Febrero 25

María es toda Corazón, porque es toda amor; y es toda amor porque es Madre.

El cristiano es el hombre que vive el amor, vive del amor, vive en el amor, vive con amor y vive para el amor; el cristianismo es la religión del amor.

Por eso, el que no lo entiende así no ha captado el sentido del cristianismo, de la religión de Jesucristo. Y el cristianismo es la religión del amor, porque Dios es amor y por eso a Dios hay que vivirlo con amor y en el amor.

Cuanto más amor pongas en tus cosas y en tus relaciones con los demás, más cristianamente vivirás. Ser cristiano es crecer en el amor.

María, que viviste el amor, recuérdanos que la verdadera alegría es fruto del Espíritu del amor.

Febrero 26

La madre se entrega al hijo sin límites ni condiciones ni restricciones; María, Madre de Jesús, se entregó a Él de esa forma; vivió para Él, preocupada por Él y por sus cosas.

Cuando a los doce años lo perdió en el templo, sufrió un hondo dolor en su Corazón de Madre.

En tu vida cristiana, debes preocuparte por Jesús y por sus intereses; Él quiere salvar a los hombres; no pierdas tu empeño y tu ilusión de vivir entregado a la obra redentora de Jesucristo. Que nada haya en tu vida que no quede bajo la influencia de Jesucristo, que no sea animado por su Espíritu.

María, tú que eras amiga de los Apóstoles que seguían a Jesús, sé también amiga de los apóstoles de hoy.

Febrero 27

María fue inundada de amor divino pero no quiso conservarlo sólo para ella sino derramarlo sobre nosotros. Nuestra Madre se alegra al vernos llenos del amor de Dios. Cuanto más amemos a Dios, mayor será su alegría.

Si debemos amar a Dios para dar gusto a nuestro Padre celestial, también debemos hacerlo para dar gusto a nuestra Madre bondadosa. Hagamos todas las cosas no tanto por un mero sentido del deber, sino principalmente por amor a Dios, para agradar a Dios y a la Santísima Virgen.

María, que no te encerraste en ti misma; tú, que viviste para tu Hijo y para sus seguidores, enséñanos a compartir nuestros dones y nuestra vida.

Febrero 28

María Santísima no pensó en sí misma sino en sus hijos, que somos nosotros, y por nuestra salvación aceptó sus dolores y lo que era para ella más costoso y más doloroso: aceptó la inmolación de su propio Hijo Jesús, para nuestra salvación.

Si pensáramos un poco menos en nosotros mismos y un poco más en los otros, menos en nuestras necesidades que en las necesidades de los que nos rodean, menos en nuestros dolores y penas, en nuestros gustos y conveniencias que en lo que vemos en nuestros prójimos, seríamos servidores de ellos y testigos del Evangelio.

María, testigo de Jesucristo, alienta nuestro compromiso para que también nosotros lleguemos a ser luz del mundo y sal de la tierra.

Febrero 29

María posee un corazón maternal infinitamente dilatado y adaptado a las dimensiones del universo; todos los afanes de la humanidad despiertan el más vivo interés y todas las dificultades personales encuentran una compasiva atención en él.

María interviene con su benevolencia soberana en el régimen del universo con la función que Dios reservara a su maternidad. Busca cómo extender lo más posible la caridad, para que sus hijos formen una comunidad profundamente unida. Impulsa, en consecuencia, a progresar sin interrupción en la unidad y a realizar con diaria superación las exigencias del amor fraterno.

María supo que ella se había convertido en la luz de Dios y que la luz está hecha para ser difundida.

Marzo 1

Los santos más devotos de la Santísima Virgen han sido los más empeñados en su propia santificación; emplearon la devoción a María como un estímulo que los empujaba a una mayor perfección de vida. Para ello trataron de imitar las virtudes de la Santísima Virgen, ya que la celestial Señora fue modelo en todas las circunstancias de la vida.

También nosotros llegaremos a conseguir la santidad de nuestra vida si nos proponemos imitar a la Santísima Virgen en sus virtudes. Comencemos a hacerlo hoy mismo, no lo dilatemos más, no lo dejemos para más adelante, porque ese momento de más adelante puede no llegar nunca.

María, tú que nunca has abandonado a quien te haya invocado con amor, acompáñanos, en este día, para que seamos fieles discípulos de tu hijo.

Marzo 2

Todos tenemos nuestros gustos, a veces no del todo santos, no del todo acordes con los gustos de Dios y de nuestra Madre del cielo.

Cuando la tentación ronda a nuestro alrededor para hacernos caer; cuando en nuestro interior surgen los instintos alborotados, cuando la soberbia, el egoísmo, la comodidad pretenden avasallarnos, pensemos que es mucho mejor dejarnos guiar por nuestra Madre Santísima que encapricharnos en nuestros gustos personales. Y si al final de nuestra vida tenemos la conciencia de que hemos vivido tratando de dar gusto a la Virgen, estaremos seguros de nuestra salvación, pues los gustos de la Virgen son los gustos de Dios.

María, que respondiste con tu vida al plan de Dios, ilumina nuestro deseo para que vivamos respondiendo al mandamiento del amor.

Marzo 3

La Virgen fue elevada a la dignidad de Madre de Dios; la elevó así sobre todas las criaturas, porque cuanto más el hombre se acerca a Dios, más se eleva sobre sí mismo y nadie más cerca de Dios que su Madre Santísima.

Todo hombre tiene ansias de ser más y mejor; algunos colman esas ansias no tanto en el orden material cuanto en el espiritual. Ojalá pusiéramos en el orden espiritual tanto empeño y afán como ponemos en lo material y temporal.

María, que diste comienzo a la nueva creación por el Espíritu, enséñanos a ser dóciles al Espíritu de vida.

Marzo 4

Toda la comunidad necesita un corazón que la aliente y en la comunidad cristiana ese corazón es María; así como no podríamos concebir una comunidad sin corazón, así no podríamos pensar en una comunidad cristiana sin María.

Si el Papa Pablo VI la proclamó "Estrella de la evangelización", la doctrina teológica la tuvo siempre como Madre de la Iglesia, y así la proclamó también el mismo Papa.

El sentido comunitario y celestial debe animar todas las obras del cristiano devoto de María y vivir esa interrelación: por María, ir a la Iglesia y por la Iglesia ir a María. Al fin y al cabo, donde está María está la Iglesia y donde está la Iglesia, allí encontramos a María.

María, que hiciste lugar a Jesús, la Palabra de Dios, guíanos para que sepamos comunicar su mensaje a todos los hermanos.

Marzo 5

La caridad es el amor que brota del corazón de Dios y anida en la tierra del corazón de las madres.

María, como Madre de Dios y Madre espiritual de los hombres, es, por lo tanto, doblemente expresión del amor; de ahí que, después de Dios, no podamos suponer a nadie tan bondadoso y lleno de amor como la Virgen.

El cristiano es también un hombre que está llamado a vivir el amor a Dios y al prójimo, es decir, el amor teologal o la caridad; no puede, pues, dejar de vivir ese amor a Dios y a los hermanos.

María, que pronunciaste el sí de la anunciación, sé nuestra guía en la entrega y el servicio.

Marzo 6

En las diversas circunstancias de su vida, María se presenta como la mujer responsable que asume sobre su conciencia las determinaciones que toma.

Recordemos el momento del *fiat* de la anunciación, cuando va a Belén para cumplir con la ley del censo, cuando huye a Egipto para salvar al Niño, y en tantas otras ocasiones.

Todos nosotros nos vemos en nuestra vida frente a situaciones difíciles, que no podemos soslayar; en esos momentos acudamos a la oración para pedir las luces que necesitamos y, muy en particular, pidamos la protección maternal de María, y ella nos escuchará.

María, enséñanos a evangelizar, es decir, a instaurar el Reino de Dios aquí y ahora.

Marzo 7

María Santísima habló muy poco; sus palabras –de las que nos queda constancia en el Evangelio–

son escasas; pero si no nos animó con sus palabras, sí lo hizo muy elocuentemente con su vida y sus ejemplos.

Las palabras que pronuncias –con las que proclamas tu fe en Jesucristo–, y fundamentalmente tus acciones, darán testimonio de tu vida cristiana. Las palabras mueven y los ejemplos arrastran; sé cristiano con tus palabras, pero no lo seas menos con tus ejemplos.

Gracias María, porque al pronunciar tu sí, la humanidad entera comienza su retorno a Dios.

Marzo 8

Hermosa y plena de sugerencias la letra del canto a María ya ampliamente difundido entre el pueblo devoto: "Ven con nosotros a caminar, Santa María, ven." Es que hacer el camino de la vida solo y sin compañía resulta molesto y pesado, mientras que un buen compañero de viaje ayuda a realizar el camino con más energías y con mayor entusiasmo.

Pero si la que nos acompaña en el camino de la vida es nada menos que la dulce Virgen María, entonces el peregrinar se transforma en algo placentero y atrayente.

Por otra parte, nadie puede caminar mejor que ella en el camino que nos conduce a Jesús y, por Jesús, al Padre celestial.

María, cuida con amor y ternura a tus hijos que todavía peregrinan hacia la casa de Dios Padre.

Marzo 9

La comunión con nuestros hermanos, los hombres, se realiza en el amor de nuestra Madre, en su Corazón.

Si los hermanos cristianos estamos separados, es nuestra Madre la que debe conseguirnos la unidad; solamente ella podrá alcanzarnos que cumplamos el precepto que su Hijo nos dejó: "Ámense los unos a los otros".

No olvidemos que, para acercarnos a Dios, es preciso acercarnos primero a los hermanos; para comulgar con Dios, previamente hay que comulgar con los hermanos.

María, contágianos tu confianza en Dios, para que seamos servidores de su proyecto.

Marzo 10

Si María es toda ella modelo para nuestra vida, lo es especialmente en la oración. La oración de María se resume en aquella palabra –fiat ("hágase")– con la que respondió al Ángel y aceptó ser Madre del Dios Redentor.

Ella pronunció la oración perfecta: "Aquí está la humilde esclava del Señor, la servidora del Señor, para hacer su voluntad".

Así tiene que ser nuestra oración: dispuestos a aceptar la voluntad de Dios, dejemos que el Señor desarrolle en nosotros sus planes y los proyectos que Él tiene sobre nuestra vida.

María, maestra de la fe, ábrenos los ojos para descubrir que el Señor quiere hacer en nosotros cosas maravillosas.

Marzo 11

Según leemos en el Evangelio, una buena mujer alabó a María por ser la madre de Jesús. Jesús no negó aquella alabanza, pero puntualizó que era más dichosa aún por escuchar la Palabra de Dios y practicarla (cf Lc 11,27-28).

Nuestra vida debe acomodarse al espíritu del Evangelio; sus máximas y normas son las que deben regir nuestra vida; nuestros criterios han de ir por las líneas que nos traza. Debemos juzgar los acontecimientos con la escala de valores que el Evangelio nos propone.

María, ayúdanos a escuchar la Palabra de Dios en las Escrituras y en los acontecimientos de nuestra vida.

Marzo 12

Dios toma la iniciativa y sale al encuentro del hombre para salvarlo. Pero Dios no salva al hombre sin la colaboración del hombre. "El que te creó a ti, no te va a salvar sin ti", decía San Agustín.

María vio en el ángel al enviado de Dios y sus palabras fueron escuchadas por María como palabras de

Dios. Por eso su respuesta no fue dirigida tanto al ángel cuanto a Dios, a cuya disposición se puso incondicionalmente.

María, enséñanos a ponernos a disposición de Dios y a colaborar en nuestra salvación y en la de nuestros hermanos.

Marzo 13

María presenció la muerte del Hijo de Dios con una fe firme y con la convicción de que Dios nunca abandona a los que caminan en su presencia. Aquella fe de María sostuvo a los discípulos del Crucificado.

Tú también debes ser ante el mundo testigo de la resurrección del Señor, debes ser el convincente testimonio de que Dios vive y actúa en el mundo a través de tu vida.

Dios vive en ti y tú puedes darlo a conocer al mundo. Si todos lo diéramos a conocer a través de nuestro testimonio de vida, el mundo podría reconocer y comprender que Jesús resucitado vive y está presente entre nosotros.

Como María Santísima, confirma a tus hermanos en la fe y en el amor.

María, enséñanos lo que aprendiste al pie de la cruz: cómo el dolor cristiano es redentor y florece en la esperanza de la resurrección a una vida nueva.

Marzo 14

Cuanto pensaba María era santo, cuanto miraba lo santificaba, cuanto tocaba lo purificaba y hacía bueno; tan santa era ella, que comunicaba santidad a todo y a todos.

Es que la santidad, si es verdadera y profunda, es también contagiosa. Por eso cuantos se acercaban a María se sentían mejores y se santificaban, amaban más a Dios y pensaban más en el cielo.

Aquí tienes un medio sumamente fácil y práctico para llegar a la santidad: piensa siempre en María, vive cerca de ella, cobijándote con confianza en su regazo maternal; obra como siempre obró María, ama lo que ella amó, vive por lo que ella vivió, sufre como ella sufrió y goza con lo que ella gozó. Que sea tu vida como un calco de la vida de María.

"Madre de América Latina, has entrado en el corazón de los fieles; vive en estos corazones" (Juan Pablo II).

Marzo 15

Nada hay tan fecundo como la virginidad de María. Solemos presentar a la virginidad como algo estéril, como si la esterilidad fuera una característica de la virginidad. En cambio, en María, conciliamos la fecundidad maternal con el brillo de su límpida virginidad.

Tu vida ha de estar consagrada a Dios, al amor de Dios en la plenitud de la entrega de una virginidad espiritual: de Dios, todo de Dios, sólo de Dios y para siempre de Dios.

Por eso tu entrega debe obligarte a gastarte por tus prójimos, desvivirte por ellos, sufrir por ellos, morir por ellos.

"Madre, ayúdanos a enseñar la verdad que ha anunciado tu Hijo y a extender el mandamiento del amor" (Juan Pablo II).

Marzo 16

Es emocionante leer la confianza y la amistad con la que algunos santos trataron a la Santísima Virgen; su devoción a la celestial Señora era tan íntima y tan sincera, que los llevó a penetrar en la intimidad del Corazón de María.

Nuestra devoción a la dulce Madre del cielo ha de romper los esquemas que nos impiden, o al menos dificultan, llegar a una relación íntima de amor y de trato con ella; nada puede interponerse entre el hijo y la madre, nada puede haber o suceder que impida que el hijo de María la sienta como su Madre, la ame como tal y la trate como tal.

Se dijo que la madre es la mejor amiga de su hijo; que eso suceda y se dé entre la Virgen y nosotros.

Madre de Jesús, tú que eres también Madre de todos los redimidos, y la amiga entrañable de tus hijos, ayúdanos a cultivar la amistad y la fraternidad.

Marzo 17

En algunas estampas se no presenta a la Virgen María con el pecho resplandeciente y las manos juntas, como guardando la intimidad de su Corazón, el secreto de la presencia de la Trinidad en lo más profundo de su ser.

María fue el más sagrado templo donde habitaba el Espíritu Santo y con eso te está presentando la manera como debes vivir tu vida; vive tu intimidad con Dios aun en medio de la agitación de la vida moderna; guarda celosamente la presencia en ti de ese Dios uno y trino, que vive en ti por la gracia y se ha convertido en tu propia vida.

No te olvides nunca de que, por la gracia, te has convertido en un templo sagrado de Dios, Padre, Hijo y Espíritu Santo.

Madre de la Iglesia por el hecho de ser Madre de Dios, por conquista de martirio, por aclamación de tus hijos, que nunca olvidemos que nuestro cuerpo es templo del Espíritu Santo.

Marzo 18

Doble es la vertiente que tiene la invocación con la que acudimos a María al llamarla "Reina de la paz".

La paz, como el amor, es un fruto de nuestra unión con Dios. Si San Juan definió a Dios diciendo: "Dios es amor", también podríamos definirlo así: "Dios es la paz."

La Virgen María es la Reina de la paz, como es la Madre del amor; ella da la paz al alma que a ella acude por la devoción; ella construye la paz en los hogares que la invocan y por ella la sociedad llegará a una paz duradera, porque ella fundamenta la paz en el amor, que es lo único que posibilita la permanencia de la paz.

Reina y Madre de la paz, concédenos cultivar la justicia según el Evangelio y recoger el fruto de la paz.

Marzo 19

La santidad de San José ha sido una santidad callada, silenciosa, pero íntima en la relación y en la comunicación directa con Jesús y con María; nuestra devoción al santo patriarca se ha de caracterizar por el afán de imitarlo en esa intimidad.

Las relaciones entre el glorioso y bendito San José y su Esposa virginal, la Inmaculada Virgen María, la intimidad de sus afectos y de sus conversaciones con ella, son un campo inexplorado.

La vida cristiana es vida de acción apostólica, pero esa acción debe brotar de la íntima y profunda comunicación con Dios, de la no interrumpida conversación con las tres divinas Personas, que habitan en nosotros por medio de la gracia.

La auténtica devoción a María nos lleva a la intimidad con Dios y nos lanza a la acción apostólica.

Marzo 20

En la vida de la Virgen hallamos muy pocas cosas extraordinarias o llamativas; María, en Belén y en Nazaret, se santificó en las mil y una cosas de la vida cotidiana de una solícita ama de casa.

Todavía se conserva en Nazaret la llamada fuente de la Virgen, a la que ella iría todos los días con el cántaro sobre su cabeza y llevando a Jesús de sus manos, buscando el agua que necesitaba.

No pensemos que nosotros vamos a llegar a la santidad haciendo cosas raras o llamativas, cosas que salgan de lo común o de lo que hacen los que nos rodean. Lo extraordinario no deberá estar en lo que hacemos, sino en el amor con que lo realizamos.

"Madre de la Iglesia, pues no se puede hablar de la Iglesia si no está presente María" (MC 28), ayúdanos a formar comunidades donde vivamos la santidad en las pequeñas cosas de la vida cotidiana.

Marzo 21

Gracias quiero darte,
buena Madre de Jesús;
gracias quiero darte por la vida de la gracia;
gracias, Madre mía, por habernos dado a Cristo,
por los hondos beneficios que nos da la redención.
Porque Dios habita en mí y enriquece mi existencia,

por el cielo que yo espero, por la vida de esta tierra,
por poder llamarte Madre y contar con tu socorro,
por confiar en tus bondades, recibir tu protección.

"Madre, tú quisiste a cada hijo en el Corazón de Jesús, aceptaste a cada uno de los miembros de la Iglesia" (Juan Pablo II). Haz que nuestras comunidades cristianas sean abiertas, hospitalarias, fraternas.

Marzo **22**

Madre mía, gracias por la fe de que gozamos,
por la luz de la esperanza,
que en la vida nos alienta,
por saber que tú eres buena, que eres tierna,
que eres Madre,
que nos amas y proteges y nos das consolación.
Madre mía, gracias
porque has puesto en nuestra alma
el amor a Dios y al hombre,
el amor a los que me aman,
el amor a los que me odian,
pues comprendo que en mi vida
todo cobra su sentido por la fuerza del amor.

Madre, apártanos de un cristianismo sin Cristo, de un humanismo sin Dios, de un Dios sin el hombre.

Marzo 23

María fue buscando a Jesús durante tres días y lo encontró en el Templo con los doctores de la Ley. Como lo hubiera hecho cualquier madre, le reprochó a Nuestro Señor que se hubiera quedado conversando sin avisarle, sin pedir autorización.

María no comprendió la conducta de Jesús. Como nosotros, ¡tantas veces!, no alcanzamos a comprender los planes de Dios. En esas situaciones que no podemos comprender deberá aflorar nuestra fe, porque la fe no es tanto comprensión cuanto aceptación de lo que no se comprende.

Son muchas las cosas que ignoramos y que Dios nos dará a conocer cuando nos lleve a su cielo. Mientras llega ese momento, es preciso vivir la oscuridad de la fe con amor y en el amor.

Madre, libéranos de una caridad sin justicia, de una justicia sin verdad, de una lucha sin perdón.

Marzo 24

Cuando el Espíritu Santo desciende sobre los apóstoles el día de Pentecostés, los encuentra arracimados en torno de María; todos ellos con María eran el racimo, unido y compenetrado por Dios para salvarlo; eran la espiga integrada por todos aquellos granos destinados a formar la hostia de la Eucaristía.

María era el elemento de cohesión, la que apretaba los granos e impedía su disgregación. Hoy como ayer,

María sigue siendo elemento de unión; no te alejes de ella y no te alejarás de tus hermanos, seguirás formando ese racimo y esa espiga en que hallarás tu salvación.

Madre, protégenos de planear sin realizar, de hablar sin vivir, de rezar sin orar.

Marzo 25

El Niño Jesús seguramente tropezaría y caería en tierra como cualquier chico del mundo al aprender a dar sus primeros pasos. María seguramente acudiría presurosa a levantarlo y luego lo llevaría de su mano, para sostenerlo y guiarlo.

Del mismo modo, cuando María ve que sus hijos caemos en pecado, más por debilidad que por mala voluntad, también acude pronto a socorrernos.

Si queremos andar por el camino del Señor, vayamos tomados de la mano de María, apoyados en ella, guiados por su espíritu, alentados por su amor, animados por su mirada, sostenidos por su compañía, pacificados por su ternura.

Madre, implora el perdón para las madres que rechazaron a sus niños antes de mirarlos a los ojos.

Marzo 26

Dicen que el apóstol San Juan, en su ancianidad, no hacía sino repetir a sus discípulos el precepto del Maestro: "Ámense los unos a los otros". Podemos imaginar que la Madre de Jesús, en sus continuas conversaciones y exhortaciones, no haría sino repetir a los apóstoles y primeros discípulos la enseñanza de Jesús: el amor.

Así, procurando amarse unos a otros como Jesús los había amado, comenzaron a formar la Iglesia de Jesucristo.

Así debemos hacer también los discípulos de hoy: debemos aprender a amarnos, a hacer la Iglesia amándonos, a vivir el Evangelio amándonos. La Madre de Jesús nos sigue dictando la misma lección del amor...

Madre de los vivientes: que, para conseguir la paz, todos defendamos la vida.

Marzo 27

Ninguna realidad puede causar en nosotros una alegría tan sentida y tan duradera como la de sabernos hijos de Dios e hijos de María. Saber que no somos huérfanos, sino que en el cielo tenemos un Padre, que es Dios, y una Madre, que es María.

El recuerdo de la madre siempre es tranquilizador y sedante; pero cuando esa madre es María, la paz inunda nuestra alma, la sonrisa aflora a nuestros labios, la alegría penetra en nuestra vida.

Piensa, pues, con frecuencia en María, hazla presente en todos los momentos de tu vida, invócala sobre todo en los tramos más difíciles y comprometidos; acude a ella en las tentaciones. Si vas con ella, no te desviarás.

Madre de Dios, ¡salve! Nadie podrá saludarte nunca de un modo más estupendo que como lo hizo un día el arcángel: "Salve, María, llena de gracia."

Marzo 28

Nada hay más agradable para una madre que hablarle de su hijo y nada podemos ofrecer a la Santísima Virgen que más le agrade que hablar de su Hijo Jesús, darlo a conocer a todos los hombres, predicar y proclamar su Evangelio, transmitir su mensaje de salvación.

No digas que amas a la Virgen si no das a conocer a Jesucristo, si tus palabras pocas veces lo mencionan, si nunca está en tus conversaciones; no digas que amas a la Virgen si no amas a Jesús, pues conoces muy bien que, si vamos a María, es para llegar a Jesús.

Si amas a Jesús, habla de María; si amas a María, habla de Jesús; que el hombre no separe lo que Dios ha unido.

Madre, refuerza nuestro entusiasmo misionero para que anunciemos a tu Hijo en todos los ambientes que frecuentamos.

Marzo 29

María oraba y meditaba el mensaje de salvación de Dios a su pueblo. El ángel en Nazaret la encontró en total disponibilidad para hacer la voluntad de Dios.

La palabra de Dios nos habla, nos cuestiona, nos exige, nos ubica, nos alienta; es preciso leerla con frecuencia, meditarla con detención, vivirla con fidelidad.

En la oración nosotros hablamos a Dios; en la lectura de la Biblia, Dios nos habla a nosotros; si lo primero es importante, lo segundo es necesario; lo que nosotros podamos decirle a Dios, Él ya lo conoce; lo que Dios nos tiene que decir, siempre es nuevo para nosotros.

"Madre, en aquellas tan sencillas palabras –He aquí la sierva del Señor, hágase en mí según tu palabra.– has encontrado todo el programa de tu vida" (Juan Pablo II). Te pedimos que nos ayudes a ser fieles a nuestro proyecto de vida.

Marzo 30

Santa María de los colores, de esos colores en los que se despliega la gracia, porque la gracia es vida, es color y dinamismo, es resplandor, alegría y claridad.

Santa María de los colores y de las flores, de la aurora y del plumaje de las aves, de la limpieza del alma y de la blancura de la pureza. Santa María del dorado amor...¡Qué distinto vivir la vida en blanco y negro, en la monotonía de un pasar sin ilusión, o vivirla llena de colores, de brillos y claridades, de ilusiones e ideales, de amor!

Madre, ayúdanos a confirmar en la fe a nuestros hermanos.

Marzo 31

Madre, no permitas que me desoriente en mi camino; no dejes que el cansancio se apodere de mí con exceso, de suerte que me detenga, sin adelantar.

Que tampoco me deslumbre el paisaje del camino y me haga olvidar el término y la meta adonde me dirijo.

Madre, que camine siempre con la vista levantada y clavada en la meta final, que es la posesión de tu Hijo Jesús, sin desviarme a derecha o izquierda, respondiendo siempre a las exigencias del amor de Dios y del amor a los hermanos.

Y que en ese camino te lleve siempre a ti, Madre mía, como la más cálida y tranquilizante compañía.

"Madre, perseveras de manera admirable en el misterio de Jesucristo, porque estás siempre dondequiera están los hombres, tus hermanos, dondequiera está la Iglesia" (Juan Pablo II). Por eso te pedimos que alientes nuestro caminar a lo largo de la vida.

Abril

Abril 1

Si Cristo es la luz, María es el espejo que refleja fielmente esa luz.

María es la más semejante a Jesús, la más perfecta imagen de Hija de Dios, en cuya contemplación el Padre se complace graciosamente.

San Pablo nos dice que todos los cristianos estamos llamados a hacernos semejantes a Jesucristo; nadie más semejante a Él que su propia Madre.

Luego, esforzándonos en asemejarnos a María, nos estamos acercando a la semejanza con Jesús. La madre imprime sus rasgos en el hijo; dejemos que la Madre del cielo realice en nosotros esa función maternal, que nos haga cada vez más semejantes a Jesús por la gracia y las virtudes.

Madre de América Latina, crea, conserva, acrecienta espacios de cercanía entre tus hijos, por la fuerza de tu amor.

Abril 2

Cuando los santos muy devotos de la Virgen se ponían en comunicación con la celestial Señora por medio de la oración y la contemplación, se llenaban de afecto y emoción, y una felicidad inexplicable se apoderaba de sus corazones.

Nada hace tan feliz al buen hijo como un abrazo de su madre.

Es preciso que nuestras relaciones personales con nuestra tierna Madre del cielo sean íntimas y sinceras, pero también de una ternura y confianza como sólo ellas nos pueden inspirar.

Si queremos que la más límpida felicidad se apodere de nuestra vida, vivamos filialmente y cariñosamente nuestras relaciones con María.

María, que deseemos perseverar en la oración, en la confianza y en el afecto filial.

Abril 3

Al Corazón de María se lo suele representar en llamas. Este símbolo representa y nos recuerda el amor divino en el que se vio envuelto su maternal Corazón y el amor a los hombres, que tanto nos hace sentir.

En realidad es imposible poder llegar a comprender lo inmenso del amor de la Virgen a Dios; solamente ella pudo amarlo tanto, pues solamente ella pudo amarlo con amor de Madre, de hija predilecta y de Esposa fidelísima.

El amor hace semejantes a los que se aman; ama a Dios, ámalo intensamente y Él irá acercándote a ti, santificándote, elevándote, purificándote de todas las miserias de tu naturaleza humana.

Madre, enséñanos y ayúdanos a ser fieles dispensadores de los grandes misterios de Dios.

Abril 4

La luz del Espíitu Santo desciende sobre Isabel quien, inspirada e iluminada por aquella luz, proclama su bienaventuranza sobre la Virgen María: "Feliz de ti por haber creído".

María tuvo una fe profunda. Vio en su hijo a un niño tierno e indefenso y, al mismo tiempo, creyó que era el Hijo de Dios. Más adelante lo vio crucificado y muerto, vencido y sepultado; y sin embargo, confió en su triunfo y resurrección.

Con frecuencia en nuestra vida las cosas parecen ocultarnos a Dios, pero nosotros debemos saber descubrir la luz aunque nos parezca que en todos los rincones habitan las tinieblas.

Madre, despierta en nosotros una fe profunda, que por encima de las apariencias nos ayude a descubrir la presencia de Dios en los acontecimientos de nuestra vida y nuestra historia.

Abril 5

A la Virgen María se le aplican aquellas palabras de la Biblia: "Yo duermo, pero mi corazón vigila". Es que María no interrumpió su trato amoroso con Dios Padre, Dios Hijo y Dios Espíritu en ningún momento del día, y era tan fuerte e intensa su íntima unión con Dios, que nada la podía interrumpir.

Las cosas de la vida, las ocupaciones diarias, los trabajos, los problemas que debemos enfrentar, nada debe separarnos de Dios, nada debe cortar la corriente de afecto y presencia que se establece entre Dios y nosotros.

San Pablo afirmó que nada ni nadie era capaz de separarlo del amor a Cristo. ¿Podrás tú afirmar lo mismo?

"Madre, ayúdanos a enseñar la verdad que tu Hijo ha anunciado y a extender el amor, que es el principal mandamiento y el primer fruto del Espíritu Santo" (Juan Pablo II).

Abril 6

María vio a su Hijo aclamado por las multitudes, y creyó en Él. Lo vio realizar los grandes milagros y señales de su vida pública, y creyó en Él. Conoció a Lázaro resucitado por Jesús y creyó en Jesús; supo de la resurrección del hijo de la viuda de Naim, los apóstoles le contaron la curación de los leprosos, la multiplicación de los panes, la calma de la tempestad y cien otras cosas, y María creyó en Jesús.

Pero María supo que su Hijo era perseguido y creyó en Él; supo que había sido llevado preso y flagelado y condenado a muerte, y creyó en Él; y lo vio luego crucificado y muerto, y también creyó en Él.

Cree en Dios, en el amor de Dios, y cree cuando las cosas te salgan bien y cuando te salgan mal, en las buenas y en las malas; nada te haga dudar del amor de Dios.

Madre, que sepamos servir a la Iglesia en la verdad y en la justicia.

Abril 7

María Virgen es modelo de perenne juventud; María Inmaculada es ideal de la juventud; María llena de gracia es estímulo y fuerza para los jóvenes. No importan las canas, las arrugas del rostro, ni los años que se acumulan, siempre que se conserve el ánimo, el optimismo, el entusiasmo, la vitalidad del alma, el deseo de hacer algo por Dios y por los demás; siempre que se comience cada nuevo día con el deseo y la resolución de ser un poco mejores, de amar un poco más, de servir mejor a los demás, de extender algo más el Reino de Dios.

Madre, acepta nuestra prontitud para servir sin reserva la causa de tu Hijo, la causa del Evangelio y la causa de la paz.

Abril 8

Cuando Cristo y María entran en la vida de un ser humano, la persona cambia, porque cambia su vida.

Cristo y María transforman el ambiente, oxigenan el espíritu, lo limpian, lo santifican, lo divinizan. Cristo y María, al penetrar en la vida de ese hombre, la llenan de luz y de calor: la luz de la fe y el fuego del amor a Dios y a los hombres.

Así en esa vida todo cambia, todo se mejora, todo se eleva en perfección; ya no es más soberbia, no hay en ella más sensualidad, más egoísmo, más violencia de palabra ni de carácter o temperamento, no hay más celos, ni envidias, no hay más pecados y sí más gracia de Dios, que es santidad.

Madre de la Iglesia, ayúdanos a llevar la novedad del Evangelio a todos los ambientes.

Abril 9

Volvamos a las letanías; en ellas invocamos a María como la "Madre amable" y en verdad que no podríamos imaginar una persona tan dulce y tan llena de amor como la piadosísima Virgen María. Cuantos a ella acudían quedaban encantados con su trato, con la mirada de sus claros ojos, con la sonrisa de sus labios, con la ternura de su Corazón; fue en verdad amabilísima.

Todo cristiano está llamado a ser amable, simpático y deseable; los santos fueron siempre alegres y contagiaban alegría y paz. Si a tu paso siembras semillas de alegría y paz, recogerás el fruto de la paz.

El gran cuidado de María es que los cristianos tengan vida abundante y "lleguen a la madurez de la plenitud de Jesucristo" (Puebla 288).

Abril 10

La gloria de María consiste en que los hombres podemos conseguir nuestra felicidad eterna por ella; su misión consistió en pensar en nosotros, sufrir por nosotros, para que nosotros no nos perdiéramos, sino que alcanzáramos la eterna felicidad.

A imitación de nuestra excelsa Madre, sus hijos debemos pensar en los demás, preocuparnos por los demás, vivir para los demás, buscar la salvación de los demás. Ejercer la acción apostólica, que nos impulsa a vencer nuestra comodidad, nuestra pereza, y acercarnos a la vida de los demás, no para molestar, no por curiosidad, sino para brindarles la salvación y la felicidad.

"Madre educadora de la fe, cuida de que el Evangelio nos penetre, conforme nuestra vida diaria y produzca frutos de santidad" (Puebla 290).

Abril 11

El cuadro que nos representa a Jesús en la cima del calvario, muriendo por nosotros, y a pocos metros de la cruz a la Virgen dolorosa, sufriendo también por nosotros, nos marca el rumbo de nuestra vida cristiana.

La vida se nos ha dado para morir por un ideal y ningún ideal es tan ennoblecedor y que merezca tanto vivir y morir por él como Dios; ese Dios que vivió y murió por nosotros y que nos pide que nosotros vivamos y muramos por Él.

Amor con amor se paga; si Dios nos amó infinitamente, justo es que nosotros lo amemos a Él cuanto somos capaces de amar. Al pie de tu crucifijo puedes poner estas dos preguntas: ¿Qué ha hecho Él por mí? ¿Qué debo hacer yo por Él?

"Madre, despierta en nosotros el corazón filial, que duerme en cada hombre, y llévanos a desarrollar la vida del bautismo por el cual fuimos hechos hijos" (Puebla 294).

Abril 12

La amistad con Dios y con la Virgen es un tema del que poco se escribe, poco se lee, en el que poco se medita y que, en consecuencia, poco se vive; se piensa que es casi una falta de respeto creer que Dios puede ser nuestro amigo y considerar y sentir a la Virgen María como nuestra mejor Amiga.

Ofrezcamos a Jesús y a la Virgen sentimientos de una verdadera y purísima amistad, tratémoslos con sencillez y confianza, seguros de que esto es lo que a ellos agrada y esto es lo que ellos quieren y esperan de nosotros.

Madre, Dios nos ha encomendado a tus cuidados maternales. Cumple tu oficio con nosotros y preservanos de todo mal, para ser verdaderos discípulos de tu Hijo.

Abril 13

Otra invocación letánica –"Virgen prudentísima"– merece nuestra meditación. María mostró su prudencia al analizar la propuesta del ángel antes de aceptarla; al cuidar al Niño Jesús, apartándolo de todo peligro, aunque para ello tuviera que huir a Egipto; al no aparecer en público durante la predicación de Jesús, para no obstaculizar su obra.

La virtud de la prudencia es la que regula todas las demás virtudes, que, si no se viven conforme a la prudencia, dejan de serlo. La prudencia nos señala el cómo, dónde y cuándo se deben realizar las cosas; antes de obrar hay que pensar; no pensemos después de haber obrado, para analizar si hemos obrado bien.

Madre, no permitas que nunca me olvide de que soy tu hijo y haz que siempre me porte como corresponde a un hijo tuyo.

Abril 14

El Papa Pablo VI ha llamado a la Virgen "Estrella de la evangelización", porque la evangelización necesita una Luz que oriente e ilumine el camino.

Si evangelizar es dar a conocer a Jesús, María fue la primera evangelizadora, pues ella lo mostró a los pastores de Belén, a los magos de Oriente, a los Apóstoles y primeros discípulos de Jesús.

Ella recorre ahora el mundo acompañando a los misioneros del Evangelio, dándoles fuerza y entusiasmo, concediéndoles hasta las fuerzas físicas que necesitan. Preside el trabajo de evangelización de la Iglesia; anima las comunidades cristianas; y los cristianos acuden siempre a ella y reciben su ayuda.

Madre, no permitas que nunca me olvide de ti; pero si yo llego a olvidarme de ti, aun entonces tú no te olvides de mí.

Abril 15

A ninguna criatura ha querido Dios tanto como a su propia Madre, y sin embargo ninguna criatura ha sufrido tanto como ella.

Es que quizá no pueda darse un error tan grande y tan pernicioso como el pensar que el dolor es un castigo de Dios; nada más erróneo.

Dios permite que sus hijos e hijas sufran para unirlos e identificarlos más con el dolor salvador de Jesucristo. El dolor ofrecido a Dios por amor, sobre todo el dolor del inocente, del que sufre por amar de verdad, salva y purifica al mundo. Sólo quien ama en profundidad conoce el sentido del dolor, e intuye que florecerá en resurrección.

Más aún: cuando el amor ilumina el sufrimiento, éste se convierte en fuente de paz y de comprensión del sufrimiento de los demás.

Madre amable, enséñanos el sentido de sufrir por Dios con amor.

Abril **16**

La página del Evangelio que nos refiere la pérdida del Niño Jesús, y la subsiguiente búsqueda de su Madre hasta encontrarlo en el Templo, nos está dando las pautas para nuestra búsqueda de Dios.

El hombre es el eterno peregrino que se dirige a Dios, sintiendo su necesidad, buscando su presencia, anhelando su posesión, añorando su amor. Un peregrino que da pasos vacilantes y cansados, pero siempre ordenados a la búsqueda del Señor.

El caminante se apoya en un báculo, que le facilita el caminar; el báculo del cristiano peregrinante hacia la patria celestial ha de ser María; si en ella te apoyas, no caerás; si en ella confías, no te desalentarás; si ella te acompaña, no te perderás.

Madre de Dios, signo de esperanza y de consuelo para el caminante, sé también ahora mi apoyo seguro.

Abril 17

En el trabajo y en el esfuerzo por conocer mis defectos, me va a ayudar mucho la humilde Virgen María, que no tuvo ningún defecto ni imperfección pero, como es Madre, entiende muy bien a sus hijos y se mueve a ayudarlos, cuando los ve defectuosos, ayudarlos a corregirse de sus defectos y alcanzar la perfección cristiana.

Esta es la explicación de por qué los grandes devotos de María han sido los más grandes santos de la cristiandad.

Madre de los hombres, ayúdame a llegar a la santidad.

Abril 18

No son muchos los cristianos que han estudiado la fe en su profundidad, la teología de la fe, y así han llegado a convencerse de que, cuando la fe es auténtica y llega a su perfección, se convierte en amor.

El que ama de veras llega a la perfección de la fe y el que cree de veras termina amando con generosidad.

Si la Virgen María fue perfecta en su fe, si fue la Virgen creyente por excelencia, se debió a que María amó con toda la fuerza de su naturaleza, con todos los latidos de su Corazón.

Si no tienes suficiente espíritu de fe, examina cómo va tu amor, y si no amas cuanto debes amar, analiza si tu fe es teologal: la fe y el amor son hermana y hermano, que siempre van de la mano.

Madre que buscas nuestra salvación, que mi fe llegue a convertirse en amor, para que mi amor ilumine mi fe.

Abril 19

Aunque la Virgen Inmaculada fue santa y perfecta ya desde el primer instante de su existir; santa más que todos los santos juntos ya en aquel primer instante de su vida, sin embargo pudo ir creciendo y creció de hecho en la gracia y santidad momento tras momento.

La gracia va aumentando la virtud y capacidad del alma, de suerte que cuanto más participamos del amor de Dios, más receptivos nos hacemos de su acción; por eso María, a pesar de la plenitud inicial de gracia, pudo ir aumentando más y más ese caudal de santidad.

No basta que vivas en gracia; es preciso que vayas aumentando en ti la intensidad de vida de la gracia.

Madre que sufriste por nosotros, haz que crezca en mí más y más el amor a Dios.

Abril 20

El mundo no se fijó en María; la sociedad de su tiempo no la tuvo en cuenta; María pasó inadvertida entre las mujeres de su tiempo, hasta que surgió la Iglesia.

María era la criatura más excelsa salida de la mano de Dios, después de la humanidad de Jesucristo; sin embargo, en Belén nadie le dio albergue, ni la atendió en el delicado momento de su maternidad, y en Nazaret fue una de tantas mujeres, de las más sencillas y humildes, y nadie se detuvo a mirarla ni a admirar sus virtudes.

No te llame la atención y no te extrañes de que no se reconozcan tus méritos, ni tu capacidad y talentos; preocúpate más bien de que sea Dios el que vea tus acciones, el que penetre tus intenciones, el que conozca el fondo de tu corazón.

Madre que nos has dado a luz en la gracia de Cristo, sigue formando en nosotros a Jesús, que es el Salvador.

Abril **21**

Caminemos de la mano de María con nuestras manos unidas, pero tomados todos de la suya, que es al mismo tiempo suave y firme, tierna y vigorosa, como son las manos de una Madre.

Si nos aferramos a las manos de María, no nos perderemos; María no nos suelta nunca; somos nosotros los que nos desprendemos, y es entonces cuando ella lo siente profundamente y nos sigue con su mirada triste porque, al alejarnos de ella, nos estamos alejando de Dios. Y nunca volveremos a Dios sin antes volver a María.

Madre de la divina gracia, que no llegue yo nunca a perderla, sino que la conserve como el más rico tesoro.

Abril 22

Los santos llegan a afirmar que, cuando Dios asoció a María a la obra de la redención, reservó para ella el ejercicio de la misericordia.

Como María es madre y lo propio de la madre es la bondad, la misericordia y el perdón, María siempre nos trasmite el perdón de Dios y cuando la misericordia de Dios se derrama sobre nosotros, está presente María y por ella llega a nosotros esa divina misericordia como una caricia materna.

Dios te salve, Reina y Madre de misericordia, vida, dulzura y esperanza nuestra; Dios te salve... vuelve a nosotros esos tus ojos misericordiosos...

Abril 23

Si Jesús nos manda amar al prójimo como Él nos ha amado, el devoto de la Virgen deberá también amar a su prójimo como María lo ha amado.

No bastará, pues, cumplir el precepto amando simplemente; es preciso llegar a amar como nos amó y nos ama la Santísima Virgen María, con la misma pureza de sentimientos, con la misma sinceridad de afectos, con la misma ternura de su amor.

¡Cómo cambiaría el mundo si obráramos así! ¡Cómo ayudaríamos nosotros a que ese cambio se realizara por María! Nuestra es la responsabilidad, nuestra la obligación. María no obrará ella sola sino a través de nosotros; seamos dóciles instrumentos en sus manos, transmisores del espíritu mariano.

Madre del buen consejo, guíanos en la vida y danos a conocer la voluntad de Dios.

Abril **24**

Cuando hablamos del mundo, ordinariamente hablamos de la humanidad, de los hombres, y cuando invocamos a María como reina del mundo, la estamos llamando Reina y Señora de todos los hombres, sean cuales fueren las circunstancias históricas en que desarrollan su vida.

María se preocupa de todas esas circunstancias que afectan a sus hijos, los hombres redimidos: sufre con los que sufren, trabaja con los que trabajan, se angustia con los oprimidos, protege a los enfermos, los ancianos y los huérfanos, goza con los que se sienten felices, camina con los peregrinos y caminantes, está al lado de los moribundos y recibe a los niños que vienen a este mundo.

Madre y maestra, no te apartes de mi lado en ningún momento de la vida, pero sobre todo en la hora de mi muerte.

Abril 25

La misión profética de la Madre de Jesús no consistió solo en traerlo físicamente a este mundo, sino en mostrar su verdadero espíritu, aquel espíritu de Cristo que Él imprimió fuertemente y con exquisitez en el alma de su Madre.

La misión profética que por el bautismo ha descendido sobre todo cristiano, debe cumplirse hacia afuera, después de haberla grabado interiormente en nuestro espíritu; el cristiano ha de compenetrarse del Mensaje que debe profetizar, proclamar, transmitir.

Y una vez que ese Mensaje se ha hecho carne en su espíritu y en su vida, la profecía sale en sus palabras, en sus obras y en su vida.

Madre de la Iglesia, que yo cobre conciencia de que debo hacer Iglesia allí donde Dios me ha puesto.

Abril 26

Amor y perdón son ecos del corazón de todas las madres. ¡Qué eco no tendrán en el Corazón de la más amante de todas las madres!

El Corazón de María es el más semejante al Corazón de Dios y es el Corazón más tierno que ninguna de las madres pudo jamás soñar.

Por eso, al participar del Corazón de Dios, en su Corazón de Madre de Dios y Madre de los hombres siempre hallan eco el amor y el perdón. Siempre que necesitemos conseguir perdón o aumentar el amor, acudamos al Corazón de María y lo conseguiremos.

Madre y Reina de los cielos y la tierra, que participe yo de la bondad de tu Corazón.

Abril 27

María, elevada por Dios sobre toda otra criatura, para ser Madre santísima de Jesucristo, es, al mismo tiempo, totalmente humana como nosotros, de nuestra misma naturaleza.

Es verdad que Dios la hizo maravillosamente hermosa, santa y sublime, para que ella pudiera ayudarnos; pero la hizo humana, para que pudiera comprender mejor a los hermanos y mejor pudiera compadecerse de nosotros; para que pudiera consolarnos cuando estamos tristes, alentarnos cuando nos caemos, levantarnos cuando el pecado parece derrotarnos, llevarnos a Dios cuando nos alejamos.

Confía ilimitadamente en María, sabiendo que jamás se ha oído decir que ninguno haya acudido a su protección sin haber recibido su auxilio.

Madre, cúbreme con el manto de tu bondad.

Abril 28

María vivió llena de gracia y fue bendita entre todas las mujeres; su adhesión a Dios fue inamovible y vivió en fidelidad permanente a la Palabra que guardó en su corazón.

Pero ella comprende muy bien a sus hijos, que somos tentados, solicitados al mal, impulsados al pecado; comprende nuestra debilidad y sabe que con frecuencia sufrimos caídas y no permanecemos en nuestros buenos propósitos; nos comprende, nos ayuda y nos mueve a volver a Dios, a vencer la tentación, a dominar nuestras pasiones e instintos, a contrariar nuestras malas inclinaciones.

La invocación de María es el mejor medio para vencer las tentaciones que nos alejan del amor de Dios. No hay afirmación que los santos devotos de María repitan con mayor frecuencia.

Madre, mírame con bondad y llena mi alma de confianza en la misericordia de Dios.

Abril 29

Haz lo que puedas y luego pídele a la Virgen que te ayude a realizar lo que tú solo no puedes hacer; o, si quieres, pídele que haga ella lo que no alcanzas a realizar, pues siempre ella lo podrá hacer, siempre ella lo hará mejor de lo que tú lo habrías hecho.

Pero no olvides que estás obligado no solamente a hacer lo que puedas, sino a hacerlo del mejor modo posible.

Madre del que busca la fe, haz que la encuentre y que viva de ella.

Abril 30

Cuando el Verbo se encarnó en el purísimo seno de María, el bendito San José ignoraba aquel Misterio realizado por Dios en su esposa.

María amaba entrañablemente a José y, al verlo sufrir por la duda y la ignorancia, ella también sufría intensamente; sin embargo, guardó silencio, no le reveló su secreto, dejó que Dios mismo se lo diera a conocer. Y así sucedió.

Guardar silencio, conservar un secreto, puede en ocasiones resultar heroico, pero necesario. Callar no siempre es fácil, pero en ocasiones resulta muy conveniente.

Madre del Redentor, que estuviste junto a tu Hijo Jesús con tu silencioso dolor al pie de la cruz, enséñanos el valor redentor del dolor vivido en silencio.

Mayo 1

San José ha sido declarado por la Iglesia "Patrono de todos los obreros", de todos cuantos trabajan con sus manos.

Es que en la Sagrada Familia de Nazaret todos trabajaban con sus manos: San José en su taller de carpintería, Jesús como su ayudante y María como ama de casa en las tareas domésticas.

No consideres el trabajo como un castigo, sino como un medio que Dios pone a tu alcance para perfeccionar el mundo; el estudio y el trabajo son los dos medios principales de que dispones; pero no trabajes solo, deja que te acompañe María, para que ella eleve tu trabajo y lo oriente a Dios.

Madre del pueblo de Dios, que peregrina hacia la casa del Padre, no permitas que tu Iglesia se desoriente en su camino.

Mayo 2

Las diferencias que puedan existir entre los hermanos, nadie mejor que la Madre las puede suavizar y aun hacer desaparecer.

Si los cristianos no hemos logrado aún la unidad que nos pide el Evangelio y que hasta el mundo no creyente reclama de nosotros, es porque no hemos tratado de unirnos en nuestra Madre común.

El Concilio ha centrado el culto y la devoción a María en el misterio de Jesús y de la Iglesia, pueblo de Dios. Cuando peregrinamos bajo la protección consciente de María, caminamos hacia la unidad; todo lo que hagamos por difundir el amor y la devoción a María, según la orientación del Concilio, será siembra de unidad.

Madre y Virgen, que engendraste al Creador, sé tú el punto de unión de Dios y del hombre y de todos los hombres entre sí.

Mayo 3

A Jesús le agradó presentarse repetidas veces como el Buen Pastor que se preocupa por sus ovejas, se desvela y aun muere por ellas.

La piedad cristiana acostumbró también representar a la Virgen María como "la divina Pastora", porque ella también se preocupa por todos los cristianos, que somos "el rebaño" de Jesucristo.

Deja que la divina Pastora te cuide, te busque y te proporcione el alimento espiritual que necesitas; deja que vele por ti y te defienda de los lobos de tus enemigos espirituales; no te alejes de ella, de su protección; incluso no está mal que aspires a ser una de las ovejas regalonas de la divina Pastora.

Madre piadosa, cuida de mi vida y apártala de todo peligro.

Mayo 4

Madre mía, tú que estabas al pie de la cruz con un dolor tan inmenso, no te olvides de mí; yo me acerco a ti con el más lúcido amor y la más serena piedad y te doy gracias, dulce Señora del dolor sin llanto, porque nos ha dejado el mejor aliento y consuelo para las horas de sequedad y la aridez del espíritu.

Yo me llego a ti, Madre, con mi razón no turbada, seguro de que tú posarás sobre mí los tranquilos luceros de tus ojos.

Nada más sedante para las penas del alma que la mirada tierna y compasiva de María; por algo le pedimos en la Salve: "Vuelve a nosotros esos tus ojos misericordiosos".

Madre de misericordia, no te olvides de que somos tuyos.

Mayo 5

"No te pido, Madre, el don de las lágrimas,
que es angustia disuelta ya en consuelo;
que hay también un dolor del pensamiento
que tiene una más clara austeridad.

Yo te pido esas claras ideas de mi indignidad,
que son como las lentas lágrimas interiores del alma.

Mi corazón, Madre, es un vaso frágil y pequeño
y no caben en él las cosas infinitas.
Mi corazón está sucio y cansado
de tanto amar las cosas;
no me sirve para sentir tu angustia callada;
para tu angustia, Señora, quiero reservar
la intacta y serena amplitud de mi pensamiento"

José María Pemán.

Madre santa, santifica mi vida.

Mayo 6

"Ciertamente cumplió Santa María con toda perfección la voluntad del Padre y por esto es más importante su condición de discípula de Cristo que la de Madre de Cristo; es más dichosa por ser discípula de Cristo que por ser Madre de Cristo.

Por esto María fue bienaventurada, porque, antes de dar a luz a su Maestro, lo llevó en su seno; llevó en su seno el cuerpo de Cristo; más aún, guardó en su mente la verdad de Cristo.

Cristo es la verdad. Cristo tuvo un cuerpo; en la mente de María estuvo Cristo, la verdad; en su seno estuvo Cristo hecho carne" (San Agustín).

Madre, espejo de todas las virtudes, que sepa mirarme en ti para imitarte.

Mayo 7

El amor que María tuvo a Dios fue un amor verdaderamente perfecto, porque amó a Dios con toda su intensidad y esa intensidad llegó a tal grado que nunca jamás ningún ser creado pudo ni de lejos igualar.

Ella sola cumplió al pie de la letra el precepto de amar a Dios con todo el corazón, con todas las fuerzas, con toda la mente y con toda el alma.

La medida de nuestro amor a Dios la dará el hecho de amarlo sin medida, sin límites, sin restricciones ni excepciones de ninguna clase.

Como afirma San Pablo, nada nos podrá separar del amor de Cristo: ni el hambre, ni la persecución, ni la muerte, ni ninguna otra cosa; siempre estaremos unidos a Él con los vínculos de la caridad.

Madre de la que hemos recibido el fruto de la vida, que no perdamos esa vida.

Mayo 8

San Pedro cayó en el pecado de negar al Maestro; pero luego consiguió el arrepentimiento y, tras el arrepentimiento, alcanzó el perdón.

No nos cuesta mucho imaginar que San Pedro acudió a la Madre de Jesús para que ella le alcanzara el perdón de su divino Hijo, y tampoco nos cuesta imaginar el afecto y la ternura con que fue recibido el apóstol pecador, arrepentido y lloroso.

Ese y no otro debe ser el camino que nosotros debemos seguir, si en alguna oportunidad caemos en pecado; no debemos desesperar del perdón, pues conocemos las entrañas de misericordia con que Dios nos espera, pero haremos muy bien en acudir a la Madre del perdón, para que sea ella la que nos presente al divino Redentor.

Madre del amor, suscita en nosotros el arrepentimiento sincero de nuestras culpas.

Mayo 9

Algunas veces se representa a María teniendo a su Hijo Jesús de pie en sus rodillas y mostrándolo así al mundo, como diciendo a los hombres: "Aquí tienen a mi Hijo, que es su Salvador, el único que los puede librar del pecado, causa de todos los males; acudan a Él, a fin de que Él les conceda la salvación que en vano buscan en otros lugares".

Despreocuparse de Cristo es renunciar a la salvación. Buscar la salvación en otro que no sea Cristo es caminar hacia el fracaso más doloroso.

Madre y Señora de toda la creación, preséntala al Padre, para que la salve.

Mayo 10

María dijo "sí" al enviado de Dios y asumió una vida pobre y humilde, llena de privaciones, y todo el dolor que significaría ser la Madre del Crucificado.

María percibió por la fe que, siendo Madre de Jesús, era la Madre del Mesías –Siervo sufriente de su pueblo–, con todo lo que eso suponía de dolor, humillación y muerte.

Por la fe, nosotros aceptamos a Cristo, pero debemos cobrar conciencia de que Cristo supone para nosotros sacrificios personales muy dolorosos, negaciones de nuestros gustos y conveniencias, humillaciones muy sentidas, muerte y renuncia a todo lo que no sea Dios.

Si nos abrazamos con Cristo, abracémonos con la cruz de Cristo.

Madre, que eres la omnipotencia suplicante, ruega por nosotros al Padre.

Mayo 11

Todos los actos de la vida de la Virgen estuvieron orientados hacia Dios. Todo lo hacía por su Hijo y para su Hijo; pero como su Hijo era Dios, todo en su vida empezaba y terminaba en Dios.

¿Podemos decir nosotros que Dios es el móvil de nuestros actos? ¿Nuestros actos se dirigen a Dios?

Cuanto hagamos en esta vida debe tener su proyección en la vida eterna, ya que esta vida terrena no tiene sentido en sí misma sino en cuanto es preparación para la vida definitiva. Por tanto, sepamos que todo cuanto no hagamos por Dios, se pierde y no tiene mérito para la vida eterna.

Madre, cuyo ruego poderoso es gracia y bendición, ruega por nosotros.

Mayo 12

María aparece pocas veces a lo largo de todo el Evangelio. Sin embargo, la descubrimos entrelíneas, siempre acompañando a su Hijo; en su "ausencia", descubrimos su presencia.

Es imposible no descubrir a María detrás de Jesús, en la penumbra pero influenciando; callada pero orientando; no dándose a conocer, pero colaborando siempre en la acción.

Madre de Cristo, el Hijo de Dios, que siempre colaboremos en la obra redentora del Señor.

Mayo 13

La imagen de María se nos sugiere siempre con los ojos entrecerrados y las manos recogidas en el pecho, guardando la intimidad que con Dios tiene en su Inmaculado Corazón. Pero también podemos pensar en María elevando sus ojos al cielo, como desprendiéndose de la tierra y aspirando a las cosas de las celestiales alturas.

Esa es la doble dimensión o vertiente que debe regir toda nuestra vida: la intimidad personal por la que gozamos de la presencia del Dios Uno y Trino en lo más recóndito de nuestro espíritu y la elevación sobre la oquedad de la tierra, anhelando siempre el azul de los cielos, la morada de Dios, el reino de María Inmaculada.

Madre, que nos diste al Esperado de los tiempos, guíanos en la búsqueda de un nuevo amanecer para la tierra.

Mayo 14

La felicidad del hijo reside en saber que su madre es plenamente feliz.

El cristiano sabe que su Madre del cielo, la dulce Virgen María, es inmensamente feliz y que es tal la felicidad que ella goza, que le alcanza para comunicarla a sus fieles hijos y sinceros devotos.

Como buena Madre, María se alegra cuando ve a sus hijos felices de sentirse hijos de Dios, amados por

Dios, protegidos y paternalmente cuidados por su divina providencia. Y se entristece cuando ve que sus hijos sufren y, más aún, cuando ve que ellos se agobian en su sufrimiento.

Madre del Anunciado por los profetas, quédate con nosotros mientras trabajamos cada día para "que venga su reino".

Mayo 15

Si estudiáramos la química del amor, conoceríamos los ingredientes que lo constituyen, los elementos que lo forman. Existe una química sobrenatural que transforma las cosas de la tierra y las convierte en realidades de cielo.

En María Santísima, el elemento principal y predominante que constituyó su amor fue la presencia de Dios activa en ella, de suerte que aun el amor que tiene a los hombres no es sino una proyección y extensión de su amor a Dios.

Nosotros amamos a nuestros prójimos por su dignidad de personas, y eso está muy bien, pero si amamos a los hombres con el amor de Dios, nuestro amor se cualifica y alcanza horizontes aún más elevados.

Madre amada, ruega por nosotros tus hijos, para que nos amemos los unos a los otros con el amor con que Dios nos ama.

Mayo 16

Todos sentimos, lamentablemente con demasiada frecuencia, la tentación de recurrir a la fuerza, a la imposición, cuando no se aceptan nuestros criterios o no se siguen nuestros pareceres, gustos o conveniencias.

Si en esos casos acudiéramos a pedir consejo a la dulce Madre del cielo, ella ciertamente nos llevaría por otros caminos: el de la bondad, el de la comprensión, el de la paciencia, el de la humildad.

Nunca se equivocan los que siguen los consejos e inspiraciones de la Madre celestial; por eso es muy conveniente preguntarse, antes de obrar, cómo obraría María Santísima.

Madre, que eres alivio en el dolor, sé tú el bálsamo en nuestras penas.

Mayo 17

¡Qué triste, qué infeliz puede llegar a sentirse quien vive alejado, o al menos olvidado, de la Madre celestial! A su lado, se sienten nítidamente los latidos de su maternal Corazón y ella nos participa el suave calor de su regazo.

Vivir la vida espiritual bajo la influencia de María es comunicarle calidez, alegría y deseo de perfeccionamiento, es vivir iluminado con la luz de un ideal que sostiene todos los esfuerzos, reaviva todos los entusiasmos, alegra la vida entera.

No te alejes, no te olvides de María; antes tenla presente en todos los momentos, en todas tus empresas, en todos tus júbilos y en todas tus tristezas. Con su presencia, hasta la pena se hará más llevadera.

Madre clemente, toda llena de bondad, acompáñame, no me dejes solo.

Mayo 18

La conversión es más propiamente una actitud que un acto, y se asemeja a la disponibilidad de María ante el Señor.

En efecto, ella no tuvo nunca nada de que arrepentirse, pero ella estuvo siempre en actitud de disponibilidad a la voluntad de Dios, actitud que ella misma expresó con su palabra: "He aquí la servidora del Señor".

No te contentes tú con el primer paso de la conversión, volviendo a Dios; aspira a una conversión permanente, a ponerte de cara a Dios, sin darle ya nunca más la espalda, a estar delante de Dios siempre de pie, en disposición de escuchar siempre su Palabra.

Madre de los pobres, que yo adquiera el verdadero espíritu de pobreza evangélica que me permita volver a Dios.

Mayo 19

El pensamiento de Dios es creador; san Juan nos afirma que todas las cosas han sido hechas por el Verbo de Dios.

Cuando Dios pensó en María, pensó en ella como Madre del Dios-Redentor y la predestinó para tan sublime misión, de suerte que María no podía existir sino tal como fue pensada por Dios: como Madre del Dios-Redentor.

Indudablemente Dios también pensó en nosotros y nos destinó a cumplir una misión en la vida; no podemos frustrar los planes de Dios. Seamos lo que Él quiere que seamos; si no, no seremos nada.

Madre digna de ser amada, Dios te hizo buena para Él y para nosotros.

Mayo 20

Cuando el ángel se apareció a María, seguramente la encontró de rodillas, meditando la palabra de Dios proclamada por los profetas.

Adoptó esa actitud humilde que fue la que le mereció las complacencias del Altísimo; y, una vez que conoció el contenido del mensaje angélico, no se enorgulleció, antes bien ahondó más y más en sus sentimientos de humildad y se llamó a sí misma "la esclava, la servidora del Señor".

Empequeñecerse a los ojos de Dios es la mejor forma de ganar su voluntad y de conseguir sus bendiciones.

Madre digna de ser admirada por las maravillas que Dios realizó en ti, queremos imitar tu admirable correspondencia a la gracia del Espíritu.

Mayo 21

Como elemento de cohesión en su Iglesia, Dios ha puesto a María Santísima, para que ella borre todas las diferencias que nos separan y nos alejan; lo puramente humano puede fallar, y por consiguiente, no llegará a unirnos de modo total y definitivo.

La unión estable solamente la da Dios: el amor al Padre Dios y el amor a la Madre celestial, María.

Por eso la unión de los hombres sigue siendo una utopía, porque no se la quiere fundamentar en Dios, en la fidelidad al amor de Dios y al amor de María.

Trabajemos, para que esa unión deje de ser utopía y se convierta en realidad.

Madre, de ti vino la salvación del mundo. Acércanos a tu Hijo, que es nuestra salvación.

Mayo 22

Si miramos la vida de María con ojos humanos, no hallaremos en ella brillo ni cosas llamativas; ella se santificó no precisamente por las cosas que hizo, sino por el espíritu de amor con que las realizó.

Lo que ella hizo fue lo que todas las mujeres de Israel hacían en aquella época; muchos hicieron cosas de mayor relevancia a los ojos de los hombres; pero el espíritu de amor que ella puso en sus cosas no lo alcanzaron quienes convivieron con la Virgencita de Nazaret.

Pero si tú estás destinado a hacer cosas que llamen la atención de los que te rodean, no estás por ello eximido de la santidad, pues en todas las cosas has de poner amor, mucho amor, y solamente amor.

Madre de los Apóstoles, a quienes trasmitiste el espíritu de tu Hijo, que todos perseveremos unánimes en la oración contigo.

Mayo 23

Cada uno tiene su propia personalidad y su propia misión personal e intransferible sobre la tierra. La Virgen María tuvo la suya. Toda su vida halla explicación en la misión maternal que Dios le confió.

El sentido de nuestra vida también reside en aquello para lo que Dios nos ha creado y para lo cual nos dotó de determinadas cualidades, nos puso en tales circunstancias, nos rodeó de tales personas, hizo que influyeran en nuestra vida tales acontecimientos.

San Pablo dice que "en todas las cosas interviene Dios para bien de los que lo aman" (Rom 8,28); hagamos nosotros todo para gloria del Dios a quien amamos.

Madre, que respondiendo a la misión encomendada nos diste a tu Hijo Jesús, aliéntanos y acompáñanos para que nosotros seamos fieles a la misión que Dios nos ha encomendado.

Mayo 24

Invocar a María como "Auxilio de los cristianos" no es sino expresar con palabras lo que nuestra Madre celestial hace en nosotros.

En efecto, María es la gran auxiliadora del pueblo cristiano, que de ella recibe la protección contra las adversidades, el consuelo en sus penas, la fortaleza en las desgracias.

Si el hijo en todo momento de aflicción acude a su madre, ¡cuánto más no hará el cristiano invocando a su Madre Santísima en el dolor! A esta celestial Señora nada le preocupa tanto como ayudar a sus hijos, que a ella acuden con sencilla confianza y profundo amor.

"Madre, yo soy más feliz que tú, porque tú no tienes una madre que te ame como tú me amas" (Santa Teresita).

Mayo 25

Una madre nunca juzga al hijo, nunca condena su proceder; su maternal corazón la impulsa a hallar excusas y explicaciones para no juzgar y no condenar al hijo.

Si esto hace la madre terrena, podemos imaginar lo que hará la nuestra celestial.

A ella Dios no le ha encomendado la justicia sino la misericordia, no el castigo sino el perdón. Por eso, cuando la conciencia nos cargue con el peso del pecado, debemos acudir a ella implorando su perdón; siempre hallaremos su Corazón latiendo por nosotros, perdonándonos, amándonos.

Madre de todos, pero de un modo especial de los jóvenes, protégelos, porque ellos son la esperanza del mundo y de la Iglesia.

Mayo 26

Para ser devotos de María, a muchos les falta precisamente amarla no con frases y palabras sino con las obras y la vida.

Porque si se ama de veras y sin fingimiento, ese amor influye en toda la vida, ese amor es la consecuencia de lo que se piensa y de lo que se dice; o, si prefieres, lo que se piensa y lo que se dice es lógica consecuencia del amor.

Entonces se ama a María, se dice que se ama a María y se siente en verdad su devoción y su amor, porque ese amor es auténtico, veraz, sincero, profundo, vital.

Santa María de todos los momentos, que sepa santificarlos, haciendo la voluntad del Padre Dios.

Mayo 27

El cristianismo es la religión del amor; el amor, si es verdadero, rechaza todo lo que no es amor –el odio, la guerra, la violencia, la pasión, el egoísmo– y permite todo lo que implica amar, siempre que al amor no se lo prostituya confundiéndolo con una caricatura del amor.

Quizá por eso, porque la única enseñanza que nos legó el Maestro es el amor, San Lucas nos repite que la Virgen vivía todas las palabras y las obras de Jesús en su Corazón, como si nos quisiera afirmar que las vivió con amor.

Según la vivencia de amor que pongamos en nuestra vida, seremos o no cristianos.

Santa María de todas las razas y culturas, que no separemos nosotros lo que Dios unió.

Mayo 28

María oraba y escuchaba la voz de Dios.

Repetidas veces en el Salterio y en el libro del Cantar de los Cantares leemos la invitación de Yahvé: "Escucha, hija, mis palabras, abre tu corazón".

María fue toda oídos, porque fue toda Corazón; fue toda silencio, porque fue toda oídos; fue toda Corazón, porque fue toda amor a su Dios y a los hombres, sus hermanos.

¡Qué importante es saber escuchar a Dios! Eso es orar.

Madre de todos los pueblos y naciones, que no pongamos barreras donde Dios abrió el camino.

Mayo 29

Sin par es tu gloria, pues de ti nació
el Dios de la hostia, cautivo de amor.
Danos, oh María, fuerza, amor y luz
en el pan de vida, danos a Jesús.
Tu materna mano preparó gentil,
Reina fiel del hombre, nuestro gran festín;
tú dejaste al mundo, Madre celestial,
de tu seno el fruto, trocado en manjar.
Prepara, oh María, nuestro corazón
a ser cada día de Jesús mansión.

Madre de todos los tiempos, que hoy y siempre reine Jesús en el mundo.

Mayo 30

Te damos gracias, María,
Virgen más bella que el sol,
porque nos has dado a Cristo,
porque nos has dado a Dios.
Que todos los ángeles bendigan a María,
y espíritus celestes bendigan al Señor.
Que la luna y el sol bendigan a María,
y las claras estrellas bendigan al Señor.
Que el puro azul del cielo bendiga a María,
y que las nieves blancas bendigan al Señor.
Los hijos bendigamos a María,
los hombres bendigamos al Señor.

Madre, que todas las edades te bendigan y alaben al Señor.

Mayo 31

Toda hermosa eres, María;
por eso te bendijo Dios;
pone aromas celestes en tu mano
y lo adorna con oro virginal.
El Rey amó tu belleza inmaculada,
por eso está contigo tu Señor.
Oye, Madre de Dios, nuestra plegaria,
y presenta a Dios nuestra oración.

Madre de los buenos sentimientos, purifica nuestro corazón.

Junio

Junio 1

Joven humilde de Nazaret,
prometida al carpintero José,
saludada por el ángel Gabriel.

Humilde servidora del Señor,
en ti se complació;
en ti, llena de gracia, el Señor estaba presente.

Tú, la más bendita entre las mujeres;
el fruto de tu vientre fue bendecido;
tú, la más alabada por todas las generaciones.

Sobre ti vino el Espíritu Santo;
en ti el Verbo se hizo carne;
y gracias a ti vive entre nosotros.

María, que cada vez que te nombre, mi corazón recuerde agradecido la cercanía del amor de Dios.

Junio 2

Elegida madre del Mesías,
virgen e hija de Sión,
gloria y honor del pueblo santo de Dios.

Madre dolorosa al pie de la cruz,
Madre gloriosa de los apóstoles,
Reina y gozo de todas las generaciones.

Gloriosa mujer revestida de sol,
con la luna bajo tus pies,
coronada de doce estrellas.

Santa María, puerta del cielo siempre abierta, que logremos vivir de tal manera que podamos llegar un día a la dicha de la gloria.

Junio 3

Durante veinte siglos, la Iglesia ha ido meditando como María, y con su ayuda, la palabra de Dios, el misterio de Cristo; parte integrante de este misterio es María y la misma Iglesia.

El encargo de Jesucristo –"He aquí a tu Madre"– lo ha cumplido la Iglesia, meditando sobre María como parte integrante del Misterio de Cristo y aun como personificación y punto culminante de la misma Iglesia.

Así dice el Concilio: "La Iglesia en la Beatísima Virgen ya llegó a la perfección.... Por eso los fieles levantan sus ojos hacia María... como modelo de virtudes" (LG 65).

Santa María, reina de los ángeles, que tus hijos seamos los ángeles de la tierra.

Junio 4

La Virgen, "Nuestra Señora del sí", con su afirmación y entrega deshizo y borró la negación que el pecado había interpuesto en las relaciones entre Dios y la humanidad.

Siempre que pecas, repites el "no" del pecado. Cuando te arrepientes y vuelves a Dios, vuelves tú también, como María, a pronunciar el "sí".

Santa María, dulzura nuestra, que siempre brote el "sí" a Dios de nuestros labios y de nuestro corazón.

Junio 5

San Lucas nos habla de los primeros cristianos que formaron las primitivas comunidades eclesiales, y nos dice de ellos que "perseveraban unánimes en la oración con María, la Madre de Jesús" (Hech 1,14).

Hoy como entonces hay una sola forma de promover auténticas comunidades cristianas, haciendo de ellas primariamente comunidades de oración. Y que esa oración sea presidida, animada y vitalizada por María, la Madre de Jesús.

La Palabra y la oración son el alimento de la comunidad creyente.

Santa María, abogada nuestra, ayúdanos a perseverar en la oración y en la comunión con los hermanos.

Junio 6

Acertadamente se ha escrito que, cuando los apóstoles predicaban el misterio de Cristo, Hijo de Dios, no dejaban de presentarlo en su faceta mariana: "Nacido de mujer" (Gal 4,4).

Era una fidelidad a las palabras del Señor en la cruz.

Por eso la fe cristiana quedó formulada desde el principio dentro de un marco mariano, que permite ver mucho mejor la realidad de Cristo –perfecto Dios y perfecto hombre "nacido, por obra del Espíritu Santo, de María, la Virgen"–.

Santa María asunta a los cielos, desde allí haznos vivir nuestra inserción en el misterio pascual de Cristo.

Junio 7

Cuando los sirvientes del convite de las bodas de Caná se acercaron a María, oyeron que la tierna Madre les dijo: "Hagan lo que Él les diga" (Juan 2,5).

María repite las mismas palabras, la misma recomendación a la Iglesia de hoy, a cuantos formamos hoy la Iglesia: Si quieren hallar la salvación, hagan lo que les dice mi Hijo Jesús.

No hallaremos mejor medio de llegar a Jesús que ir a María, obedecer a María, ser dóciles a las inspiraciones de la celestial Señora.

Ella siempre conduce a Jesús, no se guarda las almas para sí, las ofrece a Jesús; el mejor regalo que ella da a sus devotos es su divino Hijo.

Santa María coronada de gloria por la Santísima Trinidad, haznos partícipes de esa gloria.

Junio 8

Tu nombre bendecimos,
mujer de nuestro pueblo que vences en la lucha;
mujer, en tu pobreza, Dios hace maravillas.
Humilde campesina de fe comprometida,
tu Sí de amor y entrega la Vida nos engendra.
Tú, que eres dulce Madre de Dios y de los hombres,
tus hijos te pedimos querernos como hermanos.

Santa María de las horas difíciles, que sepamos arreglar nuestras diferencias y olvidar nuestros resquemores.

Junio 9

Desde el siglo I la Iglesia ha recitado la oración del Avemaría, repetida ininterrumpidamente por el pueblo cristiano. Ha cantado el Magnificat con acentos proféticos, ha ido desglosando el Bajo tu amparo e invocando a María como la "Theotokos" o Madre de Dios en la liturgia y en la vida privada.

Así ha ido la Iglesia adentrándose en el misterio de Cristo en su faceta mariana; así han ido los fieles servidores de Cristo viviendo su cristocentrismo a través de una mariología sentida y vivida.

Santa María de los días alegres, santifica nuestras alegrías.

Junio 10

Pablo VI, al proclamar a María Madre de la Iglesia afirmó: "Así, para gloria de la Virgen y consuelo nuestro, proclamamos a María Santísima Madre de la Iglesia, es decir, Madre de todo el Pueblo de Dios, tanto de los fieles como de los Pastores, que la llaman Madre amorosa, y queremos que, de ahora en adelante, sea honrada e invocada por todo el pueblo cristiano con este gratísimo título".

Estas palabras fueron pronunciadas por el papa en la promulgación de la Constitución dogmática *Lumen Gentium* del Concilio Vaticano II. Están cargadas de precisión dogmática y de acentos pastorales. Honremos, pues, e invoquemos a María como Madre de la Iglesia.

Santa María, Madre de la Iglesia, intercede por el pueblo de Dios para que sea fiel al Evangelio.

Junio 11

Hay miles de ermitas pequeñas,
que cobijan tu imagen, Señora;
campanas que el Ángelus rezan,
paisajes que cantan y lloran.

Mas sé que prefieres y añoras
la ermita de mi corazón,
temblores de paz en el alma,
y el eco de una oración.

Son muchas las cosas hermosas,
que hizo el poder del Señor;
tú eres la flor más bonita,
la estrella que brilla mejor.

Santa María, Reina del cielo, que vivamos de tal forma que podamos entrar en la gloria.

Junio 12

"En ti, patrona y mediadora nuestra ante el Señor de quien eres Madre, en quien el género humano pone toda su alegría, sólo en ti encuentra su refugio el género humano, sólo por ti espera ser defendido.

He aquí que yo también vengo a ti con un alma ferviente, pues no me atrevo a acercarme a tu Hijo, e imploro tu ayuda para obtener mi salvación.

Tú, que eres compasiva, tú que eres la Madre del Dios de misericordia, ten piedad de tu servidor" (San Efrén).

Santa María, auxilio de los cristianos, en ti hemos puesto toda nuestra confianza.

Junio 13

"Te saludamos, oh María, Madre de Dios, verdadero tesoro de todo el universo, antorcha que jamás se puede extinguir, corona de la virginidad, cetro de la fe ortodoxa, templo incorruptible, lugar del que no tiene lugar, por quien nos ha sido dado Aquel que es llamado bendito por excelencia y que ha venido en nombre del Padre.

Por ti la Trinidad es glorificada, la cruz es celebrada y adorada por toda la tierra; por ti los cielos se estremecen de alegría, los ángeles se regocijan, los demonios son puestos en fuga, el demonio tentador cae del cielo y la criatura caída es puesta en su sitio" (San Cirilo).

Santa María, socorro de los necesitados, extiende tu mano a los que necesitan de ti.

Junio 14

"Si Dios ha colmado de gracias a sus buenos servidores, ¿cuáles serán los dones concedidos a su Madre? ¿No serán incomparablemente superiores a los favores concedidos a los servidores? Esto es evidente.

Si Pedro ha sido proclamado bienaventurado, ¿no llamaremos bienaventurada entre todos a la Virgen, que ha dado a luz a Aquel a quien Pedro ha confesado?

"San Pablo es llamado vaso de elección; ¿qué vaso es, pues, la Madre de Dios? Oh Virgen Santísima, por más prerrogativas y por más gloria que mi piedad te atribuya, quedaré siempre muy inferior a la verdad" (Basilio de Seleucia).

Santa María, llena de toda gracia, míranos favorable.

Junio 15

"¿Cómo te llamaré?, decía María a Jesús. ¿Hombre? Pero tu concepción es divina. ¿Dios? Pero tu estás revestido de nuestra carne.

¿Qué haré por ti? ¿Voy a alimentarte con mi leche o a glorificarte? ¿Te voy a rodear de cuidados como una madre o a adorarte como una servidora? ¿Besarte como a mi Hijo o rogarte como a mi Dios? ¿Debo darte leche o incienso?

¡Qué misterio inenarrable!" (San Basilio).

Santa María, refugio de los pecadores, toca nuestro corazón para que nos arrepintamos de haber ofendido a nuestro Padre Dios.

Junio 16

Cuando quieras algo de Dios, vete a hablar antes con María, porque ella es la Mediadora que te lleva hasta Cristo.

Cuando Cristo nació en Belén, tuvo a su lado a María, porque en brazos humildes Dios quiso descansar.

Cuando Cristo murió en la cruz, tuvo a su lado a María y el Señor nos la dio como Madre de todos.

Santa María, consuelo del que llora, que nuestras lágrimas no sean inútiles, sino que nos alcancen el perdón de Dios.

Junio 17

"Si somos abandonados por ti, ¿dónde nos refugiaremos? Tú eres el espíritu y la vida de los cristianos. Así como la respiración aporta la prueba de que nuestro cuerpo posee su energía viviente, así tu santísimo nombre, incansablemente pronunciado por la boca de tus servidores en todo tiempo y lugar y de toda manera, es más que la prueba, es la causa de la vida, de la alegría, del socorro para nosotros" (San Germán).

Santa María, alegría de Dios, que yo sepa gustar la delicia de saberme amado por Dios.

Junio 18

"Yo lo sé, tú tienes en tu calidad de Madre del Altísimo un poder igual a tu querer.

Por eso nuestra confianza en ti no tiene límites. No hay nadie, oh Santísima, que se haya salvado, si no es por ti.

Nadie, oh Inmaculada, se ha librado del mal, si no es por ti.

Nadie, oh Inmaculada, se ha librado del mal, si no es por ti.

Nadie, oh Purísima, recibe los dones divinos si no es por ti.

A nadie, oh Soberana, la bondad divina concede sus gracias, si no es por ti" (San Germán).

Santa María, estrella del alba, anuncia a mi alma el Sol de la alegría, que es Cristo Jesús.

Junio 19

"Las vergüenzas del pecado habían oscurecido el esplendor y los encantos de la naturaleza humana; pero nace la Madre del Hermoso por excelencia y esta naturaleza recobra en ella sus antiguos privilegios y es modelada siguiendo un modelo perfecto y digno de Dios" (San Andrés de Creta).

Santa María de la luz, sé tú el faro que guíe a los peregrinos de Dios.

Junio 20

"¿Quién, oh Madre de Dios, ha recurrido a tu protección, sin ser prontamente liberado por ti? ¿Quién te implora, sin encontrar en ti una auxiliadora tan poderosa, que jamás defrauda su confianza?

Nadie, oh Virgen Madre de Dios, que haya recurrido a ti, ha sido defraudado; por el contrario, él te ve acudir a su oración y no tarda en recibir el beneficio que responde plenamente a sus deseos" (Oración de los griegos).

Santa María de la claridad, alumbra el camino del hombre mortal.

Junio 21

Moisés quiso ver a Dios, pero el Señor todopoderoso le recordó que para nadie era posible contemplar su rostro sin caer muerto: Dios es una fuerza que todo lo supera y anonada.

Pero Dios, en el seno de María, asumió rostro humano. Es el rostro de Jesús que nos revela la misericordia y la bondad de Dios. Es el rostro que nos mira y que nosotros podemos mirar. María ha humanizado a Dios. Y el rostro de María es un rostro maternal y misericordioso, signo de la cercanía del Padre y de su Hijo Jesús con quienes ella nos invita a entrar en comunión (Cf Puebla 282).

Los ojos puros de María gozaron de la mirada de Dios. Ella pudo contemplar al Hijo de Dios entre sus brazos. Y ella es, a su vez, la mirada de Dios sobre la humanidad, signo y anticipo de nuestra última mirada: contemplar el rostro de Dios.

Santa María de los ojos limpios, destellos de tu Dios, que yo sea limpio de corazón para poder ver a Dios.

Junio 22

"Para estar bajo el imperio de su Hijo, yo quiero servir a María; para ser admitido al servicio de Dios, quiero que la Madre reine sobre mí como testimonio.

Para ser el servidor devoto de su propio Hijo, aspiro a llegar a ser el servidor de la Madre.

Pues servir a la servidora es también servir al Señor; lo que se le da a la Madre, se refleja sobre el Hijo, yendo desde la Madre a aquel que ella ha alimentado, y el Rey ve recaer sobre sí mismo el honor que hace el servidor a la Reina" (San Ildefonso).

Santa María, estrella de salvación, que yo llegue al puerto deseado.

Junio 23

"Oh Madre de aquel que nos ama, que has merecido llevarlo en tu seno y amamantarlo en tu pecho, ¿no podrás o no querrás conceder el amor a Él y ti a quien te lo pide?

Que mi espíritu te venere como eres digna, que mi corazón te ame como es justo, que mi alma te estime como le es beneficioso, que mi carne te sirva como debe.

Que en esto se consuma mi vida, a fin de que todo mi ser te cante durante la eternidad" (San Anselmo).

Santa María de la sonrisa, imagen de la sonrisa de Dios, que eso llegue a ser mi vida: una sonrisa al amor.

Junio 24

"Recorramos atentamente el Evangelio entero y, si encontramos en María algo de dureza o el más ligero signo de impaciencia, consiento que desconfiemos de su mirada y temamos acercarnos a ella.

Pero si, como sucederá, comprobamos que todos sus actos están llenos de bondad y de gracia, de mansedumbre y de misericordia, demos gracias a aquel cuya providencia nos ha dado esta Mediadora en quien no tenemos absolutamente nada que temer" (San Bernardo).

Santa María de la esperanza,
esperaste, cuando todos vacilaban,
el triunfo de Jesús sobre la muerte,
y nosotros esperamos que su vida
anime nuestro mundo para siempre.

Junio 25

¡Con cuánta frecuencia se reuniría María con los Apóstoles, antes que éstos se dispersaran para evangelizar el mundo!

Ella, la dulce Madre de la Iglesia y Maestra de los Apóstoles, los amaba a todos y deseaba en su corazón ser útil a todos, darles un mensaje puro en conformidad con las palabras de su Hijo.

Los apóstoles de hoy, no menos que los de ayer, deben acudir a María para conseguir la luz de la Palabra y el esfuerzo para su gesta evangelizadora.

Santa María que recibiste el Mensaje de Vida, enséñanos a manifestarlo a todo el mundo.

Junio 26

Quien se acerca al fuego, siente calor; quien se acerca a María, se santifica, pues María es tan santa que no solamente lo es para sí: comunica santidad a cuantos se le acercan.

Nos acercamos a María pensando en ella, leyendo lo que de ella se ha escrito, invocándola con nuestras plegarias, amándola con filial ternura, tratando de imitarla en sus virtudes.

También el cristianismo debe cristianizar a cuantos lo rodean, pues el Evangelio es un fuego que abrasa donde pasa.

Santa María de la respuesta generosa a los designios de Dios, que yo también responda afirmativamente a su llamado.

Junio 27

Difícilmente podríamos definir la casa donde vivió la familia de Nazaret; no sabríamos si ver en ella un templo donde se tributaba el más cálido culto a Dios o el hogar donde se vivían las más perfectas relaciones de amor entre los tres integrantes de aquella Sagrada Familia.

María estaba allí como la animadora de toda aquella actividad, como el brasero que contenía las brasas del fuego del amor que unía aquellos tres santísimos corazones.

Santa María, discípula perfecta de Jesús, que llegue yo a ser también fiel discípulo suyo, capaz de irradiar el calor de su amor al mundo.

Junio 28

La obra de Dios en la formación de su Madre Santísima fue una restauración de la naturaleza humana herida por el pecado.

El hombre que Dios puso en el Paraíso fue una obra primorosa de la sabiduría, del poder y del amor de Dios. Los hombres, con sus pecados, destrozaron esa obra maravillosa y Dios se propuso restaurarla.

Esa restauración es María Santísima; ella es la restauración espléndida de la pobre naturaleza humana, ella es la obra primorosa de Dios.

Santa María de los que sufren, haz que el sufrimiento restaure la belleza de mi alma.

Junio 29

La Virgen tomó por guía en el camino de la santidad a Dios, que estaba con ella; practicó lo que más tarde diría Jesús: "Sean perfectos como el Padre celestial".

Observaba María lo que decía y hacía Jesús, lo meditaba en su Corazón y lo ponía en práctica.

También tú debes tener por guía a Jesús y a María; así alcanzarás la santidad; imita a María, pues imitarla a ella es imitar a Jesús.

Santa María entra de lleno en el plan de la salvación, como predestinada a dar un cuerpo humano al Redentor y a formarlo en nuestro corazón.

Virgen clemente, llévanos por la senda de la santidad.

Junio 30

La Virgen, que fue Madre en la tierra, sigue siendo Madre en el cielo; sigue siendo Madre perfecta; la maternidad consiste en pensar continuamente en los hijos y procurarles los mayores bienes.

Tenemos en el cielo una Madre que piensa continuamente en nosotros, que desea sinceramente nuestro bien, que tiene en sus manos los tesoros de la divinidad y quiere comunicárnoslos.

Descansemos confiadamente, como niños pequeños, en los brazos de tan buena Madre.

Santa María participa de alguna manera de la Paternidad del Padre respecto de aquel Hijo que el Padre eterno engendró desde la eternidad y ella concibió de su carne en el tiempo.

Virgen Santa, sé nuestra Madre y muéstranos a Cristo.

Julio 1

María amaba a Jesús con los dos amores más fuertes: el amor de la mejor de las madres al mejor de los hijos y el amor a Dios de la criatura más santa que haya existido en el cielo y en la tierra.

Jesús era para ella su Dios y su Hijo; el tesoro de María era Jesús y Jesús estaba en el cielo; por eso, aunque María vivía en la tierra, su alma estaba en el cielo, pensando en Jesús, amando a Jesús.

¿Cómo es tu amor a Jesús? ¿Lo amas más que a ti mismo?

Santa María, Corazón de la Iglesia, que de mi corazón broten, como brotan del suyo, las obras de caridad.

Julio 2

Como a su madre acuden los hijos sin temor,
venimos, Madre, a verte, a darte nuestro amor.
Siguiendo tu camino, hallamos a Jesús.

Entre nosotros, Madre, todo lo hiciste tú.
Madre, tus hijos vienen cantando alegres una canción,
buscando en tu sonrisa, en tu regazo, su protección;
ponen en tus manos, cual rosa ardiente, su corazón;
te dicen que te aman, te invocan y veneran;
tus hijos ellos son.

Santa María, ruega por todos nosotros, para que cumplamos los deberes que surgen de nuestro bautismo.

Julio 3

El Corazón de María estuvo siempre lleno de Dios; lleno de Dios su espíritu por la plenitud de la gracia, llenas de Dios sus entrañas virginales por el misterio de la encarnación del Verbo, llena de Dios su memoria por la recordación viviente de la muerte y la resurrección de su Hijo.

Su corazón guardaba y vivía el misterio salvador de Dios.

¿Y el nuestro? ¿Qué guarda en su profundidad? ¿Está lleno o vacío de Dios?

Santa María, camina delante de nosotros para que no equivoquemos el camino que lleva a tu Hijo.

Julio 4

El Corazón de María guardaba la Palabra de Dios y todos los acontecimientos de salvación realizados por su hijo Jesucristo. Su existencia fue una plena comunión con su Hijo desde el sí de la anunciación hasta la aceptación del martirio de Jesús en la cruz.

Quienes se acercaban a ella escucharán como un eco del Evangelio esta recomendación: Dichoso si guardas en el corazón la Palabra de Dios y la cumples.

Santa María, concédenos guardar la Palabra en el corazón para convertirnos en Evangelio de Dios.

Julio 5

El Corazón de María es el Corazón de la "Reina de los Apóstoles". Así la llama la Iglesia.

María es Reina de los Apóstoles porque es su Madre y, como Madre, grabó en ellos los rasgos de su fisonomía con sus destellos más característicos, entre los que se destaca la mansedumbre.

Sus apóstoles hoy también somos llamados a vivir nuestro apostolado con maternal mansedumbre, soportando pacientemente los agravios recibidos.

Santa María, cura las heridas que el pecado ha causado en nuestra alma.

Julio 6

María vivió el Evangelio en su más puro y elevado espíritu en la interioridad de su Corazón.

El cristiano de nuestros días que pretenda acomodar su vida a las exigencias del Evangelio no tiene más que penetrar con sumo respeto en el sagrado templo del Corazón de la Madre de Dios y ver y aprender cómo ella vivió la Palabra de Dios.

Virgen orante, que perseveremos siempre en la oración.

Julio 7

La piedad cristiana llama con toda verdad a María "Reina de los Mártires", no solamente por la intensidad de su dolor sino también porque la duración y continuidad de sus penas producen en su alma un desgarramiento que excede todos los dolores.

Desde la hora en que Jesús estuvo en los brazos de Simeón, aquel anciano que anunció a la Madre que una espada atravesaría su pecho, hasta que fue elevado en los brazos de la cruz, pasarán treinta y tres años que serán para María treinta y tres años de sufrimiento.

María es la Virgen del dolor sin medida.

Virgen creyente, que la fe anime toda mi vida.

Julio 8

Nos afirma Jesús que a Dios lo verán los limpios de corazón; nadie de corazón tan limpio, tan santo y tan puro como el Corazón inmaculado y purísimo de María.

Por eso nadie pudo ver y gozar de Dios tanto como ella.

Ya sabes qué es lo que se te pide para que tú también puedas ver a Dios: limpia tu corazón, purifícalo, hazlo semejante al Corazón de María Santísima.

Virgen fiel, Madre santa y virginal, Dios mismo se ha prendado de tu fidelidad. Haz mi corazón semejante al tuyo.

Julio 9

A Dios le agrada un corazón puro. En expresión de la Escritura, quiere arrancarnos el corazón de piedra y darnos un corazón de carne, sensible al amor que purifica y hace nuevas las cosas. En la plenitud de los tiempos envió Dios a su Hijo por medio de María para purificarnos del pecado y hacernos sus hijos por la acción del Espíritu. El Hijo y la Madre, por designio de Dios, se han unido para crear una humanidad nueva, un hombre nuevo de corazón puro.

María fue la Madre del corazón puro, la llena de gracia, la concebida sin pecado. Su persona es portadora de luz y belleza. Su presencia maternal es una llamada a purificar el corazón y a recrear un espíritu nuevo.

Alégrate, Virgen gloriosa,
entre todas la más bella;
salve, agraciada doncella,
ruega a Cristo por nosotros.

Julio 10

Según santa Catalina el demonio se define de esta manera: "Yo soy el que no ama". Y santo Tomás de Aquino dice que el infierno es el reino del odio y el cielo es el reino del amor.

Por eso el cielo está en el Corazón de María y su Corazón maternal es el reino del amor: ella es "la que siempre amó".

Imítala, desterrando de tu corazón cuanto se oponga al amor; fomenta en cambio en ti cuanto contribuya a la vivencia del amor.

Virgen amable, que yo llegue a amar con pureza de corazón.

Julio 11

La Virgen iba a ser el sagrario vivo donde habitara nueve meses el Hijo de Dios y el artista divino que fabricó ese sagrario exteriormente lo hizo primoroso, pero donde hizo alarde de poder y sabiduría infinita fue en el interior, en el alma de la Virgen.

Es Dios quien iba a construir su propia morada y por eso le dio a María un Corazón lleno de gracia y santidad, inmensamente hermoso, pues sería el Corazón de la Madre de Dios; inmensamente tierno, pues sería el Corazón de la Madre de los hombres.

Virgen llena de candor, me pongo en tus manos para que me modeles según el gusto de Dios.

Julio 12

Siguiendo el ejemplo de tu vida, Virgen Madre de Dios, encontramos el camino, encontramos al Señor.

Virgen llena de fe, enséñanos a creer, para dar en nuestra vida a cada instante la respuesta que nos pide la palabra del Señor.

Virgen llena de amor, enséñanos a amar; que sepamos sembrar en nuestro mundo las semillas de la Salvación.

Virgen humilde de Nazaret, que como tú me ponga yo en las manos de Dios, para que haga de mí lo que Él quiera.

Julio 13

La vida de la Santísima Virgen estuvo llena de sobresaltos, temores, ocultaciones y éxodos ante los peligros que amenazaban la existencia de su Hijo; todo eso resonó profundamente en su Corazón.

En esas horas de angustia, ¿dónde puso ella su Corazón?

En Dios, que era claridad en las sombras, consuelo en sus dolores, dirección en sus dudas y descanso en su inquietud.

Dichoso el cristiano que ha aprendido a mirar al cielo.

Virgen mansa de corazón, que todas las inquietudes de la vida no logren hacerme perder la paz.

Julio 14

Seguramente en algunas ocasiones has necesitado desahogarte en el Corazón de la Madre de Dios, que es todo ternura y compasión. Acude a ella con confianza y amor, cuéntale todas tus cosas, consúltala en tus dudas, pídele consuelo en tus penas, comparte con ella tus éxitos y tus alegrías.

Virgen prudente, que siempre siga tus consejos.

Julio 15

El Corazón de la Virgen es como una lira perfecta; no le falta ninguna cuerda y todas vibran con perfección.

Con la lira del corazón se puede tocar un himno a Dios o a un ídolo de la tierra; el Corazón de la Virgen sólo vibró para Dios. Nosotros tenemos en nuestras manos la lira del corazón, pero a menudo con ella no cantamos a Dios, sino a los ídolos de la tierra.

Ordena tus afectos, para que tu corazón se asemeje al de la Virgen.

Virgen modelo de las vírgenes, que viva consagrado a Dios, todo a Dios y sólo a Dios.

Julio 16

La cruz y la resurrección estuvieron presentes en el Corazón de María. La cruz y la resurrección del Señor se actualizan en nuestras vidas. En la historia y en la existencia personal, la cruz es un libro abierto donde Dios se nos hace presente y visible si lo leemos desde la fe. La resurrección es un libro cerrado que se abre si primero leemos el libro de la cruz. Como en la vida de Jesús y de su Madre, se llega a la resurrección si se pasa por la cruz.

Virgen María, tú que sabes de las cosas de Dios, enséñanos a descubrir a Dios cuando se oculta en la cruz y a reconocerlo cuando se manifiesta en la resurrección.

Julio **17**

María llevaba en su Corazón secretos muy íntimos; el secreto de su santidad, el de su divina Maternidad, el de los privilegios extraordinarios que Dios le había concedido; el secreto de su virginidad, de su consagración total y definitiva a Dios; esos secretos los guardaba ella y los gozaba en la intimidad de su corazón.

Por la gracia, tú llevas a Dios contigo en lo más profundo de tu alma; consérvalo con cuidado, atiéndelo con esmero, gózalo con ilimitada alegría.

Virgen que guardaste la palabra de Dios en tu corazón, que la guarde yo con el aprecio que se merece.

Julio **18**

"El pueblo creyente reconoce en la Iglesia la familia que tiene por madre a la Madre de Dios. En la

Iglesia confirma su instinto evangélico según el cual María es el modelo perfecto del cristiano, la imagen ideal de la Iglesia" (Puebla 285).

"La Iglesia ha alcanzado en María la perfección" (LG 65). La Madre de Dios, glorificada ya en los cielos en cuerpo y alma, es imagen y principio de la Iglesia, que habrá de tener su cumplimiento en la vida futura; así en la tierra precede con su luz al peregrinante Pueblo de Dios, como signo de esperanza cierta y de consuelo hasta que llegue el día del Señor (LG 68).

María, signo de esperanza cierta y de consuelo para el Pueblo peregrino, que no me canse de profundizar las cosas de Dios.

Julio **19**

La Virgen quiso bien a todos porque cumplía el mandamiento de Dios de amar a todos, porque imitaba al Padre celestial, que hace salir el sol para todos.

Como su Hijo más tarde, ella quiso pasar por la tierra haciendo a todos el bien y en toda su vida no hizo mal alguno a nadie.

¡Qué norma de conducta tan hermosa: no hacer mal a nadie, a todos hacer el bien!

Virgen que entendiste la palabra de Dios, alcánzame los dones del Espíritu Santo que me descubran las cosas de Dios.

Julio 20

Todas las virtudes son fuente de belleza en la Madre de Dios pero la raíz principal de su belleza era su virginidad.

La virginidad sobrehumana, angelical, de la Madre de Dios daba la impresión de una belleza no conocida y la virginidad interior florecía en ella con inigualable modestia y suavidad.

La gracia divina, fuente de la belleza sobrenatural, la tuvo María en un grado tal, como no la ha tenido criatura alguna.

Virgen que creíste en la palabra de Dios, que no solamente conozca la palabra del Señor, sino que la acepte de corazón.

Julio 21

El Corazón de María fue un libro de oración; María no necesitaba consultar otros libros y devocionarios para ponerse en oración; su Corazón era el más hermoso de los libros, el más ferviente devocionario.

Allí, en su Corazón, en sus recuerdos, María leía, meditaba, profundizaba las cosas y los planes de Dios.

Llena tu corazón de las cosas de Dios y así podrás pensar en ellas, hablar de ellas, comunicarlas a los demás: "La boca habla de la abundancia del corazón" (Mt 12,34).

Virgen llena de la ciencia de Dios, hazme profundizar los secretos del Espíritu de Dios.

Julio 22

El Espíritu Santo nos hace llamar a Dios "Padre" en lo íntimo de nuestro ser y ese mismo divino Espíritu con sus íntimas inspiraciones nos mueve a llamar a María "Madre".

No contrariemos los impulsos y las mociones del Espíritu Santo que obra en nosotros; dejémonos santificar por Él y dejémonos santificar como Él quiere, teniendo a Dios como Padre y a María como Madre, y amándolos como tales.

Virgen llena de piedad, don del Espíritu Santo, alcánzanos este don que nos haga descubrir en Dios al Padre y en María a la Madre.

Julio 23

Nuestro trato con María nos lleva irremisiblemente al trato con Dios:

- con Dios Padre, con quien ella comparte la fecundidad;
- con Dios Hijo, que se ha dado a ella sin reservas;
- con Dios Espíritu Santo, que la ha llenado de su amor.

Orar a la Virgen es tratar con Dios, con ese Dios Uno y Trino que colma enteramente su Inmaculado Corazón.

María está compenetrada de Dios; quien a ella se acerca no puede menos de sentirse cerca de Dios.

Virgen dócil a las inspiraciones del Espíritu Santo, que nunca me oponga a lo que Dios quiere de mí.

Julio 24

Madre, oye mi plegaria: es un grito en la noche.
Madre, mírame en la noche de mi juventud.
Madre, sálvame; mil peligros acechan mi vida.
Madre, lléname de esperanza, de amor y de fe.
Madre, guíame en las sombras,
no encuentro el camino.
Madre, llévame, que a tu lado feliz cantaré.
No lo olvides, Señora, Tú eres mi Madre.
Haz que yo no olvide nunca que soy tu hijo.

Virgen fecunda, sea mi vida también fecunda en buenas obras.

Julio 25

La concepción inmaculada, la plenitud de gracia, la carencia de pecado personal y de desorden, la asunción, son en María fruto de la muerte y resurrección de Cristo Redentor.

En María aparece la victoria total de Cristo sobre el pecado y sobre la muerte. En este sentido, María es la "redimida de modo eminente" (LG 53).

Cada privilegio de María indica de su parte un Sí pleno a la palabra de Dios y en esto es Modelo de la Iglesia.

La historia de nuestra vida cristiana podría titularse: La historia de un Sí nunca revocado.

Nuestra Señora del sí para siempre, concédenos una fidelidad siempre nueva al Evangelio de Jesús.

Julio 26

A veces, la devoción a la Virgen se expresa con actos externos: la bendición de los hogares, de los coches, de los lugares de trabajo; o también la veneración de imágenes y estampas. Todos estos actos tienen sentido si son expresión sincera de nuestra confianza en la Madre de Dios.

Podemos confundirnos o equivocarnos si les damos un sentido mágico. Ellos no solucionan mágicamente los problemas de la vida con las dificultades del trabajo, los problemas de la convivencia familiar, la salud de nuestros enfermos. Pero si nos ayudan a ponernos en comunicación con la Virgen, si nos impulsan a comprometernos cada día con el amor a Dios y a los hermanos, son recordatorios del camino del Evangelio de Jesús.

Santa Madre de Dios, queremos renovar nuestro amor a ti, para que en todas nuestras devociones crezcamos en la confianza de hijos tuyos y discípulos del Señor.

Julio 27

La Virgen escuchó de labios de su Hijo aquella Palabra –"No saben lo que hacen"– con la que Jesús (y María con Él) disculpaba y perdonaba a los que lo condenaron y crucificaron.

El perdón siempre supone la comprensión; desconfía del perdón que no te sube del alma a los labios. María es toda ella Corazón y, por lo tanto, toda ella perdón y bondad.

Tú también estás llamado a perdonar así: como lo enseña el Evangelio, como lo enseña la Virgen.

Virgen gloriosa, que yo dé gloria a Dios perdonando a los que me ofenden.

Julio 28

Mira qué hermosa oración, para cuando Dios llame a su cielo a un ser querido:

"Que la clemente Virgen y Madre de Dios, María, consoladora de los afligidos, recomiende a su Hijo el alma de su siervo N.N., para que con esta intervención maternal no tema el dolor de la muerte, sino que consiga entrar en su compañía en la deseada morada de la Patria celestial."

Virgen entre todas la más bella, que yo pueda comparecer en la presencia de Dios, cuando me llame, limpio de todo mal y con un corazón lleno de gestos de amor.

Julio 29

Madre te llaman los pobres,
pobres sin pan ni calor,
pobres sin libro en las manos,
pobres sin una ilusión.

Madre te llama el que sufre
penas de llanto y dolor,
penas de verse oprimido,
penas carentes de amor.

Madre te llama este pueblo,
pueblo nacido en la cruz;
pueblo que marcha hacia el cielo,
Madre del pueblo eres tú.

Virgen piadosa, todo lo bueno lo esperamos de tu bondad.

Julio 30

María es más santa que los santos, más pura que los ángeles, más excelsa que los cielos, más gloriosa que los querubines, la más cercana y la más semejante a Dios.

Es como un lirio entre espinas, como un amanecer sin ocaso, como un astro que recibe continuamente la luz del sol, como una fuente perenne, como un huerto siempre florido saturado de fragancias en el que se recrea el Padre eterno, por donde se pasea el Espíritu Santo; es el Paraíso de la augusta Trinidad.

Virgen oyente, ayúdanos a estar siempre a la escucha de la Palabra de Dios, como lo estuviste tú.

Julio 31

Ven, Señora, a nuestra soledad,
ven a nuestro corazón;
a tantas esperanzas que se han muerto,
a nuestro caminar sin ilusión.

Ven y danos la alegría que nace
de la fe y del amor,
el gozo de las almas que confían
en medio del esfuerzo y del dolor.

Virgen clementísima, preséntanos al Padre, para que seamos agradables a Él.

Agosto 1

La Virgen fue enriquecida desde el primer instante de su concepción con una santidad especial; Dios quiso que María, predestinada para ser la Madre de Jesús, fuera totalmente santa, sin sombra de pecado. Así es saludada por el ángel de la anunciación: "¡Alégrate! llena de gracia, el Señor está contigo" (Lc 1,28).

La devoción a la purísima Madre de Jesús es el mejor impulso para vencer el pecado y purificar nuestro corazón.

Santa María, ilumina nuestra inteligencia para comprender y vivir las palabras del Evangelio: "Felices los que tienen el corazón puro, porque ellos verán a Dios" (Mt 5,8).

Agosto 2

Jesús redimió al mundo con su entrega a la voluntad del Padre, los sufrimientos de la cruz y la gloria de la resurrección. María, consagrada totalmente a la persona y a la obra de su Hijo, cooperó con fe, esperanza y caridad a la obra de redención.

Unidos a María asumamos nuestra cruz para recibir la gracia de la redención y cooperar al bien de la humanidad. En nuestra cruz, como en la de Jesús, ha de resplandecer la luz de la vida nueva y la esperanza de la resurrección.

Alégrate, Madre dolorosa, porque, después de tanto sufrir, te ves ahora rodeada de gloria y colocada, como Reina del universo, al lado de tu Hijo.

Agosto 3

Hay muchas cosas que cambian,
modas que vienen y pasan,
ideas que nacen y mueren,
estrellas que pronto se apagan;
mas tú no pasas, Señora,
Tú nunca puedes morir.
Cuando en el alma se llora,
siempre acudimos a ti.

Virgen esforzada, danos valentía y coraje para seguir los pasos del Crucificado.

Agosto 4

La Virgen en toda su vida hizo siempre lo más perfecto, lo que más agradaba a Dios; correspondió siempre a todas las inspiraciones divinas.

La Virgen estaba diciendo continuamente en su Corazón: "Hágase en mí según tu voluntad".

No podríamos encontrar nosotros mejor camino de santidad que imitar a la Virgen en esa disponibilidad, para que siempre y en todo se cumpla en nosotros la divina voluntad.

Virgen dichosa por haber concebido a Dios en tu seno y en tu Corazón, tú eres nuestra sólida esperanza de salvación.

Agosto 5

La Virgen sintió todos los afectos que vibran en la naturaleza humana; sobre todo sintió el amor en su Corazón.

La Virgen amó a Dios y lo amó con ese amor correspondiente al conocimiento completísimo que tenía de Él; lo amó con ese agradecimiento inmenso que pedían los privilegios y las gracias incomparables que Dios le había concedido.

Tu amor a Dios ha de revestir también esos dos matices: la gratitud por lo que el Señor ha hecho en ti y el conocimiento que de Él has adquirido.

Virgen elegida por Dios entre todas las criaturas, ayúdame a agradecer al Señor el que me haya hecho su hijo.

Agosto 6

Desde el primer momento, Dios llenó el alma de María con su presencia amorosa; y el Corazón de María no vaciló un solo momento; se orientó hacia Dios y nunca se desvió de Él. Lo amó con todas sus energías.

Si María ama a las criaturas, las ama por Dios y para Dios. Será siempre y toda de Dios.

Nuestra ansia de amar y ser amados sólo se podrá satisfacer plenamente con el amor a Dios.

Virgen, flor de nuestra tierra, perfuma mi alma con el aroma de tus virtudes.

Agosto 7

Así fue el Corazón de la Virgen: un Corazón de Virgen y de Madre con todas sus bellas cualidades en un grado elevadísimo y sin ningún defecto. Un Corazón poseído por completo por el amor de Dios y el amor a los hombres sus hermanos.

Así como invocamos al Corazón de Jesús diciendo: "Sacratísimo Corazón de Jesús, haz mi corazón semejante al tuyo"; digámosle a María: "Corazón Inmaculado de María, sé tú mi salvación".

Virgen, rosa preferida del jardín de Dios, haz que el Espíritu Santo tenga en mí sus complacencias.

Agosto 8

"Asiento de la sabiduría" llama también la piedad cristiana a María, porque ella, con su palabra y su vida, compartió las enseñanzas del Espíritu Santo con las personas que la trataron.

María anunció a Dios por su bondad y su servicio a los demás. Su vida simple y llena de Dios era un anuncio permanente de las maravillas del Señor.

Nadie puede sentirse eximido de este apostolado, sumamente fácil y eficaz.

Virgen fuente de vida, que broten en mi vida palabras y obras que lleven a Dios.

Agosto 9

En la familia de Dios que todos formamos, María es la Madre del Hermano Mayor y por tanto la Madre de todos los hermanos. Cuando aceptó ser la Madre de Jesús, María también aceptó amorosamente ser la Madre de todos los vivientes.

"María, Madre, despierta el corazón filial que duerme en cada hombre. En esta forma, nos lleva a desarrollar la vida del bautismo por el cual fuimos hechos hijos. Simultáneamente, ese carisma maternal hace crecer en nosotros la fraternidad. Así María hace que la Iglesia se sienta familia" (Puebla 295).

María, Madre de la Iglesia, despierta nuestro corazón de hijo y hermano y ayúnos a construir la familia de Dios con nuestra vida.

Agosto 10

La tradición cristiana ha sentido y honrado a María como verdadera Madre de la Iglesia. Pablo VI resume así el sentir del pueblo de Dios: "No se puede hablar de la Iglesia si no está presente María." (MC 28)

"Se trata, dice Puebla, de una presencia femenina que crea el ambiente familiar, la voluntad de acogida, el amor y el respeto por la vida. Es presencia sacramental de los rasgos maternales de Dios. Es una realidad tan hondamente humana y santa que suscita en los creyentes las plegarias de la ternura, del dolor y la esperanza."

Santa Madre de la Iglesia, en tu rostro contemplamos los rasgos de amor, de afecto y de ternura de nuestro Dios y Padre. Nos encomendamos a tu amor de Madre y nos confiamos en la misericordia de nuestro Dios.

Agosto 11

La pincelada más acertada para el retrato de la Virgen la dio el ángel al saludar a María como la "llena de gracia".

Este es su rasgo característico, el que diseña su fisonomía interna y la diferencia de todas las demás personas. Su nombre específico, que sólo a ella se puede aplicar, porque expresa una excelsa realidad: María estaba llena de gracia porque Dios estaba en ella.

Virgen, sol refulgente en medio del cielo, que recuerde siempre las palabras de Jesús: "Ustedes son la luz del mundo".

Agosto 12

"Refugio de pecadores", llama la Iglesia a la Virgen Santísima porque María se preocupa por los pecadores, los busca, los llama, los espera, los recibe y, cuando acuden a ella, los acoge con maternal bondad y comprensión.

Sana sus heridas espirituales, los limpia de sus pecados, haciéndoles experimentar el dolor que siente un hijo alejado de su Padre y el arrepentimiento que lo reencuentra con él.

Fruto del cuidado que la buena Madre tiene de sus hijos es la conversión, el cambio de vida, la salvación de los pecadores.

Virgen que reinas en el cielo muy cerca de Dios, cambia nuestro corazón y concédenos un retorno feliz a los brazos de Dios Padre.

Agosto 13

La Biblia, cuando habla del corazón, alude a lo más profundo de la persona. Y así como al hablar del Corazón de Jesús designamos a la persona de Cristo y la profundidad de su ser, la expresión "Corazón de María" designa a la persona misma de la Virgen, al centro de su persona única e irrepetible, pero siempre cercana a los hombres, especialmente a los más humildes. El Corazón de María significa la fuente de su vida interior, y de modo particular el amor con que amó a Dios y a sus hermanos y se entregó a la obra salvadora de su Hijo.

Todos sus hijos estamos llamados a contemplar en el Corazón de María su solicitud maternal, modelo del "corazón nuevo" creado por el Espíritu Santo que clama en nosotros para hacernos hijos de Dios en Jesús resucitado.

Corazón de María, concédenos que el Espíritu Santo que te hizo Madre de Jesús geste en nosotros un corazón nuevo, digno de tu Hijo.

Agosto **14**

María Santísima, desde el momento de la anunciación, tuvo la resolución profunda, permanente y eficaz de consagrar su vida a la persona y a la obra de su Hijo y cooperar con amor a la salvación de los hombres.

Su voluntad estuvo siempre unida a la de Dios y la llama de su fervor ardía en presencia de Jesucristo, como la llama de un candelabro delante de un sagrario.

Así fue el Corazón de María y así debe ser tu corazón.

Virgen feliz porque creíste que en ti se cumpliría la Palabra de Dios, haz que no desee yo otra cosa que hacer Su voluntad.

Agosto 15

Coros celestes cantan y alaban
a nuestra Señora que sube a los cielos.
La vi tan bella como la aurora,
cual sol luciente en medio del cielo.
La vi tan bella, la vi radiante,
Reina en el cielo, cerca de Dios.
Virgen María, Reina del cielo,
llena de gracia, ruega por mí.
Que por los siglos, Virgen María,
todos alaben a nuestro Dios.

María, que nos precediste en la resurrección y en tu gloriosa asunción, que tu Corazón nos señale siempre el camino a la gloria de Dios.

Agosto 16

Desde los primeros siglos de la Iglesia, al nombre de María se añadió el calificativo de Virgen.

Tan característico es el privilegio de la virginidad en María, que el Pueblo de Dios la llama sencillamente "la Virgen". Cuando un católico oye esa expresión, sabe que no se refiere sino a la Virgen, Madre de Dios y expresa que la vida se formó en su seno por iniciativa del amor salvador de Dios.

Virgen María, mujer del sí a Dios y a sus planes, enseñanos a estar disponibles para que Dios tome nuestra vida y nos lleve a manifestar su amor entre los hombres.

Agosto 17

María refrendó su vocación de Madre servidora con su "Hágase", el día de la encarnación.

Más tarde, aun huyendo hacia Egipto, contemplando a su Hijo coronado de espinas, azotado y crucificado, su Corazón permanecería comprometido a aquella palabra...

Toda nuestra vida, especialmente sus tragos amargos, también debiera ser un "hágase" a la voluntad de Dios.

Virgen, que recibiste del ángel el anuncio del gran misterio de Dios–Hombre, que yo encarne en mi vida la Palabra de Dios.

Agosto 18

Cristo quiere hacernos vivir plenamente su propia vida. Tal como lo dice San Pablo, estamos invitados a alcanzar la plenitud –la adultez– de Cristo.

Y Cristo también quiere que nosotros experimentemos su piedad filial para con María, a fin de que lleguemos a amar a su Madre –y Madre nuestra– como Él la amó.

No te contentes con amar a María con tu corazón; ámala con el Corazón de su Hijo Jesús, con sus mismos sentimientos.

Virgen María, servidora del Señor, quiero ser tu esclavo y serlo por amor.

Agosto 19

Dios te salve, María, llena eres de gracia;
el Señor te ha escogido para darnos su amor.
Dios te salve, María, de tu carne ha nacido
la Palabra del Padre, ha nacido el Señor.
Dios te salve, María, Santa Madre de Dios,
eres Madre del Pueblo que en Jesús floreció.
Dios te salve, María, nuestros labios te invocan,
nuestros ojos esperan que los llene tu luz.

Virgen en quien Dios pensó desde toda la eternidad, desde la aurora de todos los tiempos, ayúdame a vivir según la Palabra del Padre.

Agosto 20

La palabra que mejor compendia la vida de la Santísima Virgen María es Madre, pues ella lo es doblemente: Madre de Jesús y Madre espiritual de todos los hombres.

Jesús, su primogénito, fue engendrado con amor, pero ¡cuánto tuvo que padecer para dar la vida sobrenatural a los hombres!

Elegida por Dios para hacer renacer a los hombres a la vida divina, María debió padecer dolores proporcionados a tan sublime maternidad. Pensemos que también ella sufrió para darnos la vida de Dios.

Virgen María, bendita seas por todos los siglos por habernos dado a Jesús. Que los cristianos no midamos dolores para comunicar al mundo la Salvación.

Agosto 21

Hay innumerables riquezas en la vivencia de nuestra unión a Cristo y entre ellas una de las más propias para entusiasmarnos es la devoción a María, considerada como una participación y continuación en nosotros de la piedad filial de Jesús para con su Madre.

Nadie conoció a Jesús como ella; nadie mejor que ella puede ser nuestra guía, nadie como ella nos puede enseñar el amor de Jesús.

Virgen Santísima, condúceme siempre por el camino que lleva a la unión a Jesús y los hermanos.

Agosto 22

El Corazón de María siempre se relaciona con la paz. María recibió en su corazón y en sus entrañas al Mesías, el rey de la paz.

La paz es el fruto del amor de Dios a los hombres. La paz se construye sobre el amor y la justicia del Reino que hace de los hombres solidarios hijos de Dios y hermanos. Esta es la "felicidad" del Evangelio: "Felices los que trabajan por la paz, porque serán hijos de Dios" (Mt 5,9).

María, Reina de la paz, concédenos construir la paz sobre la solidaridad y la justicia que son el fundamento de una paz profunda y duradera.

Agosto 23

"No es vana alabanza la que se tributa a María con el título de Reina de los Apóstoles, educadores de la Iglesia naciente. Del mismo modo que con su ayuda y consejos de Madre asistió a los Apóstoles, así también debe afirmarse que otorga su asistencia hasta el fin de los tiempos a todos los herederos de su misión apostólica", afirmó el Papa Benedicto XV.

Si eres apóstol de Cristo, por ser un cristiano comprometido, deja que ella te oriente y te acompañe en tus desvelos apostólicos y de evangelización.

Virgen María, vuelve a nosotros tus divinos ojos, llenos de amor y de serena luz.

Agosto 24

La Santísima Virgen es la Reina de los Apóstoles; tu vocación de apóstol del Señor y tus éxitos en el apostolado dependen de ella. Para dar a tu vida de apóstol una verdadera y permanente eficacia, debes ponerte enteramente bajo la protección de la Santísima Virgen.

Siempre con ella, todo como ella, nada sin ella.

Virgen María, renueva en nosotros la vocación de testigos y apóstoles del Evangelio que hemos recibido en el Bautismo y la Confirmación.

Agosto 25

El Corazón de María fue el oratorio más recogido y suntuoso, el más puro y sagrado que puede construir nuestro entendimiento y dorar nuestra fantasía.

Los Santos Padres la llaman "Templo de Jerusalén", "Habitación de la Santísima Trinidad", "Tabernáculo de Dios", "Sede de Jesucristo" y "Oratorio de los creyentes".

En el recinto inmaculado de ese oratorio, la celda de su Corazón, la Virgen oró, meditó, contempló.

Virgen Madre, Virgen Santa, enséñanos a orar en unión contigo y con Jesús, que intercede ante el Padre por el pueblo de Dios.

Agosto 26

¿Estás consagrado al Corazón de María? Toma la costumbre de repetir con frecuencia esa consagración.

Renuévala al levantarte cada día, renuévala antes de iniciar tu trabajo o tus ocupaciones, renuévala sobre todo en los momentos duros o de prueba para tu espíritu.

Poco a poco tomarás la costumbre de obrar en nombre de María y entonces harás maravillas; mejor dicho, verás qué maravillas hará ella contigo.

Virgen y Madre de Dios, me entrego como hijo tuyo para que me enseñes a amar a Jesús y vivir según el Evangelio.

Agosto 27

Si quieres aprender a servir a los hombres por lo que valen y por lo que Cristo siente por ellos, acércate a María.

Ella te hará ver en cada uno de los hombres el precio de la sangre de su divino Hijo, se hará ver también en cada uno a su propio Hijo, que vive o quiere vivir en él. Ella te dirá que cuenta contigo en la obra de la salvación de los hombres y que espera que no defraudes la esperanza que ha puesto en ti.

Virgen, ideal de santidad, ayúdame a seguir de verdad a Jesús que no vino a ser servido sino a servir.

Agosto 28

Una noche oscura rompe la ilusión
de encontrar a Dios entre la claridad.
Ilumina, Madre, nuestro corazón,
que busca la verdad.

Si a mi lado vienes, nada temeré,
si tu luz alumbra nuestra oscuridad,
marcharemos juntos hasta conseguir
llegar a la verdad.

Acompaña, Madre, nuestra soledad
en este caminar,
pues contigo siempre yo podré marchar,
buscando la verdad.

Virgen, causa de nuestra alegría, que penetre en mí la felicidad y la alegría que lleva consigo la vida cristiana.

Agosto 29

La vida del Niño Jesús y de su Madre puede representarse de la siguiente manera: Jesús es pequeño, está sobre las rodillas de María. Ella quiere entretener al Niño y sonríe alegremente; de pronto una nube pasa delante de sus ojos, la angustia invade su Corazón. Otro día, treinta y tres años más tarde, ella lo tendrá como ahora sobre sus rodillas, pero... muerto.

¡Pobre Madre! ¡Será al pie de la cruz! Ella será la Piedad.

Virgen María, que has participado en cuerpo y alma de la gloria de Jesucristo, haz que todos lleguemos a esa misma gloria.

Agosto 30

Como el apóstol Juan, nunca te apartes de María. Ella te comunicará su fortaleza de ánimo y te hará comprender de dónde proviene el verdadero valor.

Cuando empieces a acobardarte, ella te hará recordar que se trata no de ti sino de los intereses de Cristo, que Cristo jamás fue vencido, ni tú tampoco lo serás, mientras luches por su causa animado por el espíritu de su Madre.

Virgen María,concédeme la fortaleza y la alegría que brotan de la cruz y de la resurrección de tu Hijo Jesús.

Agosto 31

Todos tenemos momentos de tristeza y todos necesitamos comprensión; nuestra Madre del cielo está siempre dispuesta a comprendernos.

Nos comprende, porque es la Madre más cabal, nos comprende porque es una Madre Virgen y un Corazón virgen ama con una ternura especial. Nos comprende porque ella fue la Madre de los Dolores y nadie sufrió como su amantísimo Corazón.

Ella nos comprende y nos ayuda; vayamos a ella con la sencillez y la confianza con que un niño pequeñito acude a su madre.

Virgen Madre de los pobres y de los humildes, te rogamos que hagas sentir tu amor y tu ternura a los que más sufren y menos tienen; siembra en nosotros la compasión, la solidaridad y el cariño por los más necesitados.

Septiembre

Septiembre 1

María mediadora es el canal de la gracia y de las gracias que han de obrar en los hombres la renovación de la fe y de la vida cristiana y es a la vez el camino que ha de conducirlas a Jesús con la mayor facilidad y el menor riesgo.

María lleva en pos de sí los corazones de los pueblos, que, cuanto más marianos son, más cristianos se sienten, y cuanto más cristianamente viven, más se acercan a María.

Virgen María, verdaderamente bendita, que cambiaste en bendición la maldición que pesaba sobre Eva, enséñanos a bendecir los dones de la vida.

Septiembre 2

Ruega a María antes de comenzar toda empresa, antes de realizar cualquier acción apostólica.

Ruégale que asegure el fruto de tu acción; no has hecho más que sembrar; si Dios no envía la lluvia y el sol, tu semilla quedará estéril.

Ruégale que repare tus errores y torpezas, que cambie tus desaciertos en gracias.

Virgen María, por ti la bendición del Padre ha brillado sobre los hombres. Haz de mí un auténtico testigo de Cristo.

Septiembre 3

El retorno de la humanidad hacia Dios comienza en el sí de María y continúa en cada persona, en cada época, en cada circunstancia, como un proceso que lleva al encuentro definitivo con Cristo resucitado.

Hacerse todos los días disponible para decir sí a Dios es una de las metas de nuestra vida cristiana. Decirle sí sobre todo, y muy especialmente, viviendo la caridad. La historia se construye en la medida en que crece en la caridad y también en la medida en que crecen en caridad se realizan los seres humanos.

Nadie contribuyó tanto a la historia de la salvación como María, porque nadie amó como ella.

Virgen María, que por mi entrega confiada al amor del Padre, Dios también pueda obrar en mí maravillas.

Septiembre 4

Los sufrimientos que nos trae la vida misma, aceptados de corazón, nos ponen en comunión con Jesús, con María y con todos los hombres que sufren.

María de pie junto a la cruz representa a la humanidad y a la Iglesia. Más aún, porque ella entrega a Jesús al Padre por toda la humanidad, recibe como regalo de su Hijo a toda la humanidad, a los hombres redimidos que atraviesan con dolor la historia y caminan hacia el cielo nuevo y la tierra nueva que surgen de la Pascua del Resucitado.

María, tú comprendiste mejor que nadie el sufrimiento de Cristo y de la humanidad entera; ayúdanos a tomar la cruz para seguir a Jesús y entregar la vida para salvarla.

Septiembre 5

Sin María es imposible acertar; con María es imposible fracasar. ¿Has comprendido bien el lugar que debe ocupar la Santísima Virgen en tu actividad apostólica?

¡Cuántas veces te olvidas de María y esperas el éxito de tus propios esfuerzos, de tu talento y habilidad, o, si la invocas, lo haces con frialdad y escasa fe! Tienes en tu mano, a tu libre disposición, un medio para asegurar el éxito de tu apostolado y no lo empleas.

María, nos ponemos bajo tu protección y te pedimos que nuestra presencia, nuestras palabras y nuestras acciones hagan presente a Jesús en la vida de nuestros hermanos.

Septiembre 6

Reina de los ángeles y de los hombres, yo creo que eres particularmente Reina de los apóstoles de todos los tiempos. Porque tú eres la Mujer destinada a aplastar la cabeza de la serpiente y a luchar contra el mal. De ti se dice en la Iglesia que eres "Triunfadora en todas las batallas de Dios".

María es la mujer vencedora del mal por su unión a Jesús triunfador del pecado y de la muerte, porque el poder del Padre resucitó de entre los muertos.

Madre sin pecado, concédenos que, unidos al misterio salvador de Jesús, podamos vencer el mal que anida en nuestro corazón y en las estructuras de pecado de nuestra sociedad.

Septiembre 7

Por la Virgen, Dios se manifestaría al mundo y por ella el mundo subiría a Dios; en su seno bendito se darían el abrazo de paz Dios y el hombre.

Ni la encarnación del Verbo en el orden de la naturaleza, ni la elevación del hombre en el orden de la gracia podían efectuarse sin María.

Por ese motivo, la acción de María se ha convertido en algo necesario dentro de los planes de Dios para la salvación de la humanidad.

Virgen joven, transmíteme siempre la frescura de tu Corazón virginal, para que pueda estar disponible y libre a los planes de Dios.

Septiembre 8

El alma de María fue un santuario iluminado siempre por el pensamiento de Dios; ni un solo instante permaneció sin Dios.

Constantemente ardía dentro de ella la llama pura del más acendrado amor. Ni los ángeles, ni los querubines y serafines alcanzaron nunca las excelencias de la plegaria de María. Ella sola es un sol que ilumina más a las criaturas y les transmite más resplandores de Dios y ofrece ella misma más gloria a Dios que todas las demás criaturas.

Virgen orante, que nunca deje apagar en mí la llama del amor a Dios y al prójimo.

Septiembre 9

"Toda gracia comunicada a los hombres en este mundo lo es por una triple procesión; porque va del Padre a Cristo, de Cristo a la Virgen y de la Virgen a nosotros.

En efecto, desde que María concibió en su castísimo seno al Hijo de Dios, ha gozado de una especie de jurisdicción o de autoridad sobre todas las procesiones temporales del Espíritu Santo" (San Bernardino de Siena).

Virgen, huerto del Señor, haz que mi corazón también florezca en obras en las que Dios pueda alegrarse.

Septiembre 10

"Cristo para nosotros ha venido de María, lo hemos recibido de ella. Si queremos ser cristianos, debemos ser marianos, es decir, debemos reconocer la relación esencial, vital, providencial, que une a la Virgen con Jesús y que nos abre el camino, que nos conduce a Él" (Pablo VI).

Estas palabras de Pablo VI nos reconfortan y nos ayudan a profundizar nuestro afecto por la Madre de Jesús. La Madre siempre nos conduce al Hijo y nos repite: "Hagan todo lo que él les diga" (Jn 2,5).

Virgen fiel, sostén en mí la fe y el amor por tu Hijo Jesucristo, incluso cuando deba subir al Calvario y asociarme a la cruz como al único Árbol de la vida.

Septiembre 11

La vida de María fue la aceptación absoluta de la voluntad del Padre. Como Jesús, ella también pudo afirmar que su alimento era hacer la voluntad del Padre.

La vida de María es –como la de Jesús– un "amén" perenne, un "sí, Padre" indefectible.

No podríamos hallar modelo más perfecto para nuestra vida cristiana; cuando hayamos llegado a decir en todas las circunstancias de nuestra vida: "Sí, Padre", estaremos ya en camino de perfección.

Virgen concebida sin pecado, que nos ofreces el rostro del hombre nuevo, redimido por Jesucristo, ayúdanos a decir sí al Padre en todas las circunstancias de nuestra vida.

Septiembre 12

La Virgen nos enseña a vencer la antigua tentación del hombre, que pretende ir a Dios prescindiendo de sus hermanos u olvidándose de ellos, principalmente de los más necesitados, en los que Él se manifiesta y con los que de un modo particular se identifica.

María sirve a la humanidad al asumir la vocación de Madre del Redentor y al preocuparse desde el cielo de cada uno de sus hijos, principalmente de los que sufren.

¿Como olvidarte tú de tus hermanos?

Virgen María, "la Iglesia se vuelve a ti para que el Evangelio se haga más carne, más corazón de América latina" (DP 303).

Septiembre 13

"María es mujer. Es la *bendita entre todas las mujeres*. En ella Dios dignificó a la mujer en dimensiones insospechadas. En María el Evangelio penetró la feminidad, la redimió y la exaltó.

María es garantía de la grandeza femenina, muestra la forma específica de ser mujer, con esa vocación de ser alma, entrega que espiritualice la carne y encarne el espíritu" (Puebla 299).

Madre de bondad, te pedimos que ayudes con protección y cariño especiales a aquellas mujeres cuya dignidad ha sido desconocida, destruida, humillada...

Septiembre 14

Las flores dejan su perfume en la habitación donde han estado algún tiempo; la divinidad estuvo encerrada nueve meses en el seno de María; ¿cómo no había de dejar allí algo divino?

María tenía algo de aquel encanto, de aquel atractivo irresistible de Jesucristo con el que arrastraba en pos de sí a las muchedumbres.

Con plenísima razón invoca la liturgia a María aclamándola: "Toda hermosa eres, María".

Virgen y Madre de Dios, yo me entrego como hijo tuyo y te pido que me protejas.

Septiembre 15

Para dar, es preciso tener; teniendo en cuenta el papel sublime de dispensadora de las gracias concedidas a los hombres, confiado por Dios a María, ¿no convenía que la colmara de los tesoros sobrenaturales más grandes? ¿No era acaso conveniente que la vida divina se derramara plenamente en ella, toda vez que por ella esta vida debía venir a nuestras almas?

Ella es lo que es, para poder darnos a nosotros; cuanto más nos acerquemos a ella por la amorosa devoción, más recibiremos sus gracias.

Virgen y Señora mía, cúbreme con el manto de tu protección y así viviré seguro y feliz.

Septiembre 16

Cada bautizado ha de ser una encarnación de Jesús; este proceso de reproducción de los rasgos de Cristo en nosotros los realiza el Espíritu mediante la colaboración de María; nadie se ha dejado modelar con tanta perfección como ella.

Ningún molde mejor para que nosotros vayamos haciéndonos cristianos que el regazo maternal en el que el mismo Espíritu formó la naturaleza humana de Jesucristo.

Virgen purísima, que elevaste siempre los ojos al cielo y juntaste tus manos en oración, haz que mi vida no te pierda de vista, ni a ti, ni a tu cielo.

Septiembre 17

Quien se precie de amar a María, debe acudir a "su escuela" para aprender a orar. Ella, la Virgen orante, es la Maestra ideal que podrá enseñarnos estas celestiales lecciones de hablar con nuestro Padre y de escucharlo con atención.

María vivía abierta a lo infinito, atenta a descubrir los planes de Dios, para acogerlos y realizarlos; vivía escuchando a Dios.

Ser cristiano no es sino convertirse en una honda y plena respuesta a la voz del Señor.

Nuestra Señora del encuentro, que yo me encuentre con el Señor y viva siempre junto a Él.

Septiembre 18

Por un instante la creación entera se detuvo y dirigió su mirada a los labios de una doncella de Nazaret. El saludo del ángel de Dios flotaba aún en el aire de aquella primavera inconcebible para la carne, en la que el Dios eterno se haría uno de nosotros.

Todas las potencias celestiales miraron a la débil muchacha y esperaron: no satisfecho Dios con enviar a su Hijo único a morar en la tierra, hombre igual a los hombres en todo menos en el pecado, hace depender su plan de los labios de la joven. ¡Y la joven acepta a Dios en su seno!

Nuestra Señora del Sí, que al pronunciarlo derramaste alegría sobre todo lo que vive, ayúdame a decir siempre "sí" a la voluntad de Dios sobre mi vida.

Septiembre 19

Su opción por Cristo no le hizo a María la vida más fácil; por el contrario, se la complicó: ella llevaba clavada una espada en su Corazón...

Su ejemplo debe hacernos desconfiar de nuestra pretendida devoción, si seguimos tranquilamente instalados, sin preocuparnos de los demás. Nada más opuesto a la verdadera devoción que el apego obsesivo a la comodidad, que nos impide entregarnos a Dios y a los hermanos.

Nuestra Señora del Amén, que abrazaste plenamente la voluntad salvífica de Dios, recuérdame tu sí cada vez que deba sufrir por amor.

Septiembre **20**

"María es la Virgen oferente, ejemplo para toda la Iglesia en el ejercicio del culto divino.

Bien pronto los fieles comenzaron a fijarse en María, para, como ella, hacer de su propia vida una ofrenda a Dios" (Pablo VI).

"Ofrece tu Hijo, Virgen Sagrada, y presenta al Señor el fondo bendito de tu vientre. Ofrece por la reconciliación de todos nosotros, la víctima santa, agradable a Dios."

Septiembre **21**

Toda nuestra vida cristiana debe ser mariana, debe estar iluminada y regida por la devoción a María, que estuvo inseparablemente unida a Cristo desde la encarnación hasta la cruz.

Gran error es quedarse en María, sin llegar por su medio a Cristo, como prescindir de la que Él escogió como Auxilio para su obra de salvación.

Nuestra Señora de las lágrimas, enjuga las nuestras y hazlas meritorias.

Septiembre 22

El Concilio Vaticano II afirma que "María continúa alcanzándonos por su múltiple intercesión los dones de la eterna salvación y nos invita a ofrecerle súplicas insistentes, para que interceda ante su Hijo para que las familias de todos los pueblos sean felizmente congregadas con paz y concordia en un solo Pueblo de Dios para gloria de la Santísima Trinidad" (LG 69).

Nuestra Señora de la alegría, por ti ha llegado la alegría a todos los hijos de Dios.

Haz que experimente y que lleve a mi ambiente esa alegría.

Septiembre 23

El Concilio Vaticano II propuso a María como Modelo de la Iglesia.

Cada cristiano, y cada familia cristiana (pequeña Iglesia doméstica), tienen también en ella su Modelo.

¡Ojalá que la Virgen, mirando a sus hijos, goce al contemplar cuánto se le parecen!

Nuestra Señora de la evangelización, evangelízanos para poder evangelizar.

Septiembre 24

El Evangelio nos muestra cómo María afrontó situaciones que no podía comprender.

Algunas de esas situaciones –su concepción virginal y la glorificación de Dios mediante el fracaso de la cruz– eran del todo inauditas y sin precedente alguno. Sin embargo, la reacción de la Virgen en todo momento fue confiar en Dios incondicionalmente y prestar decidida colaboración a planes tan desconcertantes.

Nuestra Señora, educadora de la fe, aumenta nuestra confianza y nuestra fidelidad a Dios.

Septiembre 25

Si cuantos nos preciamos de amar a la Virgen nos empeñáramos en imitarla, ofreciendo al mundo la auténtica imagen de María, la del Evangelio, la haríamos atrayente y contribuiríamos a acrecentar su devoción entre los fieles cristianos.

A medida que vayamos comprendiendo en toda su pureza la persona de María, su presencia en el Nuevo

Testamento y en la Iglesia hoy, iremos viviendo más a conciencia la grandeza de nuestra vida cristiana.

Nuestra Señora de la luz, enciende en nuestro caminar la antorcha de la fe.

Septiembre 26

María, que junto con la comunidad cristiana recibió la efusión del Espíritu de Dios, es la obra maestra del Espíritu Santo; fue Él quien la cubrió con su sombra durante toda su vida, infundiendo en ella la fe, la esperanza y la caridad.

Ella es el modelo perfecto del fiel cristiano, ya que se entregó en amor y obediencia fiel para servir a la Palabra de Dios.

María, en su fe virginal y entrega completa al Espíritu Santo, es el prototipo de lo que cada cristiano está llamado a ser.

María, intercede por nosotros para que el Espíritu sea derramado en nuestros corazones a fin de vivir y anunciar el Evangelio de Jesús.

Septiembre 27

El Espíritu viene sobre María y la vivifica con la vida misma de Dios; así ella recibe su "misión maternal", es decir, una comprensión más completa de su misión en la historia de la salvación.

Poseyendo el Espíritu, María posee el mismo amor de Dios, que la santifica como su morada, y la dota de la fuerza necesaria para vivir su nuevo compromiso como Madre del Mesías.

Nuestra Señora de los pobres y necesitados, acuérdate de ellos y socorre sus necesidades cotidianas y espirituales.

Septiembre 28

La relación de María con el Espíritu Santo era de una siempre creciente docilidad y entrega al poder deificador del Espíritu.

La obra del Espíritu conduce a María a la contemplación de Dios en todas las cosas, y a nuevos niveles de conocimiento de su unidad en la Trinidad con todo el universo creado.

El Espíritu de Dios obra igualmente en nosotros aunque no siempre nos damos cuenta de lo que es capaz de hacer en el corazón del cristiano.

María, Madre de la Iglesia, abre nuestro corazón a la acción transformante del Espíritu.

Septiembre 29

Jesús es la imagen del Padre, y según esta imagen del Padre todos hemos sido creados. María es signo o imagen sacramental de lo que Dios quiere que nosotros lleguemos a ser en Cristo.

María es "el anticipo de Dios", como si dijéramos la señal de lo que los cristianos podemos llegar a ser por la gracia de Dios. Dios redime a María preservándola del pecado para ser madre de Jesús, y para que coopere a la edificación del Cuerpo de Cristo, que es la Iglesia, es decir: nosotros.

Nuestra Señora del pueblo de Dios, cuida a tus hijos para que edifiquen la Iglesia en la caridad y el servicio a todos los hijos de Dios.

Septiembre **30**

Madre de los pobres, los humildes y sencillos,
de los tristes y los niños que confían siempre en Dios;
tú la más pobre, porque nada ambicionaste,
tú, perseguida, vas huyendo de Belén,
tú, que en un pesebre ofreciste al Rey del cielo,
toda tu riqueza fue tenerlo sólo a Él.

Tú que en sus manos
sin temor te abandonaste,
tú que aceptaste ser la esclava del Señor,
vas entonando un poema de alegría:
"Canta, alma mía, porque Dios me engrandeció."

Nuestra Señora de la justicia, no permitas que en nombre de la justicia se oprima a los desamparados.

Octubre

Octubre 1

La Iglesia quiere que contemplemos a María como muy cercana a nosotros por ser una criatura y la primera redimida por Cristo.

Ella es espejo en el que tenemos que mirarnos, imitando sus virtudes; modelo de realización plena del proyecto cristiano, porque vivió entregada enteramente a la Persona y a la obra de Cristo.

Ella es Madre y Abogada que intercede por nosotros y nos señala con su vida el camino de fidelidad al Padre y de amor a Jesucristo.

Nuestra Señora de la confianza, siempre tan cercana a Dios y a los hombres, intercede por nosotros para que experimentemos la cercanía y la bondad de nuestro Dios y Padre.

Octubre 2

María estaba contenta y llena de gozo en todo momento, porque en su humildad, en su actitud ante la grandeza de Dios, experimentó que "a quien se humille, lo ensalzarán". Dios se aleja de los soberbios, pero da gracia a los humildes.

Dios se deleita en María porque ella es de un modo eminente lo que Él quiere que sean todos los hombres.

Ya ves cómo, asemejándote a María, estás cerca de ser lo que Dios quiere que seas.

Nuestra Señora Madre de los humildes, danos un corazón sencillo siempre dispuesto al servicio de los más necesitados.

Octubre 3

María es santa, tanto porque Dios la ha llenado de su Espíritu de amor, como porque ella cooperó libremente con su gracia.

Nosotros también recibimos el mismo Espíritu, que nos hace capaces de reconocer su santidad y nos mueve a imitarla. Si María era tan santa por la gracia de Dios y por su personal y continuada cooperación, ¿por qué nosotros no podremos llegar a serlo? Tampoco a nosotros nos ha de faltar la gracia de Dios.

Virgen Santa, con toda la Iglesia te decimos: Madre de la gracia, ruega por nosotros.

Octubre 4

La gloria de María y la gloria de los santos es la gloria del Cuerpo de Cristo; la Iglesia celestial ya no está en peregrinación sino en gloria, y María es la más santa de todos los miembros del Cuerpo de Cristo glorificado.

Crecemos en la esperanza de alcanzar también nosotros el estado de gloria de que ellos gozan; esperamos ansiosamente que se realice en nosotros lo que creemos que el Espíritu de Dios ha realizado ya en María.

Nuestra Señora de la esperanza, alienta nuestro deseo de construir en la tierra el Reino anunciado por tu Hijo, y acrecienta nuestra esperanza de contemplarte en el cielo glorificada junto a Dios.

Octubre 5

Jesús está ahora intercediendo por nosotros y María está unida a Él, buscando ayudarnos. Si María en la tierra vivió sólo para Cristo, con mayor razón quiere ahora conducirnos a todos a Él.

María está en el cielo con plena conciencia y conocimiento de nuestras necesidades y su amor hacia nosotros la impulsa a socorrernos; de ahí debe surgir en nosotros la voluntad de acudir a la celestial Señora y la plena confianza con la que debemos invocarla, pidiendo su protección.

Madre de los pobres, te invocamos con confianza porque tú conoces nuestras necesidades y porque tu amor de madre no se agota jamás.

Octubre 6

A medida que rezamos "Santa María, Madre de Dios, ruega por nosotros", experimentamos su presencia maternal. Ella se transforma en el canal de la gracia que nos hace hijos de Dios y miembros de la Iglesia.

Vivamos constantemente su presencia santa confiando en que ella, con su poderosa intercesión, nos hará vivir la gracia de Dios, el amor del Padre celestial.

Ella es el don más precioso que Dios nos ha regalado con su Hijo Jesús.

Santa María, mujer sencilla del pueblo y Madre de Dios, ruega por nosotros y renueva nuestra confianza y nuestro deseo de ser fieles al Señor.

Octubre 7

Por el rezo del Rosario, elevamos al cielo la más auténtica voz de los hijos de María, que pretende coronar la frente de su Madre con cincuenta rosas nacidas en el campo bíblico de la historia de la salvación.

Es bueno y provechoso manifestar nuestra devoción a la Virgen Santísima a través del rezo del santo Rosario. Sea éste el obsequio que diariamente ofrezcamos a la Madre de Dios.

Si es posible, recémoslo en familia, para que nuestros seres queridos reciban las bendiciones, las gracias y la protección de la Santísima Virgen, que no podrá desoír esa oración.

¿Quién no querrá para los suyos las bendiciones del cielo?

Nuestra Señora, Madre de la familia de Dios, acompáñanos con tu amor y ternura de madre para que nadie se sienta solo en la vida.

Octubre 8

No olvidemos que, para ir a Jesucristo, no vamos a encontrar camino ni más seguro, ni más fácil, ni más eficiente y rápido que María Santísima. Por eso, el que quiera llegar a Jesucristo, comience dirigiéndose a María. Ella es la más interesada en que lleguemos a Jesucristo y ella nos conducirá de la mano a su Hijo divino y, por Él, al Padre celestial.

Si Jesús dijo que Él es el camino para ir al Padre, muy bien podemos afirmar que María es el camino para ir a Jesús.

Nuestra Señora del camino, conduce nuestra marcha de peregrinos y ayúdanos a descubrir en las encrucijadas de nuestra vida el amor del Padre, la gracia de Jesús y la presencia del Espíritu.

Octubre 9

Al orar le hemos dicho al oído al Señor muchas cosas que necesitamos y el Señor nos ha escuchado. Por eso nos ha dado a María como nuestra Madre, para que ella ponga calor donde hay frío, comprensión donde hay rechazo, unión donde se ve el alejamiento, fe donde hay descreimiento, amor donde se sufren los efectos del odio o de la indiferencia.

Es María Santísima la que puede traernos todas esas cosas buenas y tan deseables; vayamos a María como a una fuente de agua cuando tenemos sed.

Nuestra Señora de Nazaret, concédenos la alegría de las pequeñas cosas hechas con amor, la esperanza de un mundo mejor, la fidelidad siempre nueva en el don de Dios.

Octubre 10

Entre Dios y el prójimo hay una especie de interrelación por la que no es posible faltar a uno sin faltar al otro, herir a uno sin herir al otro. Nuestro olvido de Dios debilita y termina por anular nuestros vínculos de amor con el prójimo.

María Santísima amó tanto a los hombres porque su Corazón estuvo abrasado por el amor a Dios; su inmenso amor a Dios se ha manifestado en el amor entrañable a sus hermanos los hombres.

Por eso el Corazón de María es nuestro modelo ejemplar; hemos de vivir como ella nuestro amor a Dios y al prójimo.

Nuestra Señora del silencio, que yo hable cuando sea prudente hablar, pero que sepa callar cuando hay que callar.

Octubre 11

Para nuestra madre de la tierra deseamos siempre las cosas mejores y más hermosas; para ella le pedimos a Dios lo mejor de la tierra y lo más selecto del cielo. Y si esto deseamos para nuestra madre terrena, ¡qué no vamos a desear para nuestra Madre del cielo!

Si nada hay en la tierra que podamos comparar con la madre, ¿qué podremos hallar en el cielo comparable con la Madre celestial? Después de Dios, nada ni nadie hay tan grande y sublime como la Santísima Virgen María.

Nuestra Señora de la entrega, que dijiste: "Hágase en mí según tu Palabra", que sea esa también mi actitud durante toda la vida.

Octubre 12

Por la fe en Jesús somos hijos de Dios y hermanos de Jesucristo. María Madre de Jesucristo es Madre de la Iglesia. Ella vive glorificada en el cielo, donde participa del señorío de Cristo Resucitado, pero no se olvida de la tierra. "Con su amor materno cuida de los hermanos de su Hijo que todavía peregrinan y se encuentran en peligro y ansiosos hasta que sean conducidos a la patria bienaventurada" (LG 62).

María, Madre de la Iglesia, es también Madre de toda la humanidad. No sólo vela por la Iglesia sino por todos los hombres porque su corazón es tan grande como el mundo redimido por Jesús.

María, Madre de todos los redimidos, intercede ante Dios por todos los pueblos y abre nuestros corazones al amor de los hombres sin distinción ni exclusión.

Octubre 13

La Virgen María nos dio ejemplo de cómo se debe tratar a un niño en los cuidados y el respeto que prodigó al Niño Jesús. Ella sabía quién era su Hijo; al igual que todas las madres, conocía a Jesús y descubrió en Él al verdadero Hijo de Dios.

Las madres, siguiendo el ejemplo de María, procuren reconocer en sus hijos la presencia de Dios –su filiación divina– y trabajen para que ellos puedan realizar plenamente su condición de hijos de Dios.

Nuestra Señora de la salvación, que pueda yo transparentar la presencia de Dios en mí y reconocer su presencia en mis hermanos.

Octubre 14

Los padres y madres, al igual que los educadores, tienen en María Santísima el mejor modelo para la formación de sus niños y jóvenes.

María tuvo que ejercer con el Niño Jesús todos los oficios que una madre desempeña con su hijo.

A nadie, pues, mejor que a ella pueden invocar las madres y los padres a fin de cumplir con sus hijos la noble misión que Dios les ha encomendado.

Nuestra Señora, que subiste a los cielos donde ahora reinas gloriosa, no dejes de escuchar las voces de tus hijos que claman por ti.

Octubre 15

Hay una sola cosa en la que no cabe el *quizá*: es el amor.

Así como la Virgen Santísima amó a Dios y a los hombres con toda su intensidad y con toda la vehemencia de su corazón, así debemos hacer nosotros: hemos de amar siempre sin restricciones, sin límites, sin excepciones de ninguna clase; hemos de amar a Dios cuanto seamos capaces de amar, hemos de amar al prójimo, todo cuanto el prójimo necesite de nosotros.

La Iglesia te llama Madre del amor hermoso; haz que la hermosura de nuestro amor consista en dar la vida por lo que amamos.

Octubre 16

La Virgen María amó, y amó en tal grado, que ofreció su propio Hijo a la muerte, a fin de que no viviéramos alejados de Dios.

En la Virgen María no hubo nunca ninguna falsía, ningún doblez; fue siempre veraz, siempre auténtica, siempre fiel en todo y para todos. Por eso la invocamos como "la Virgen fiel".

Nuestra Señora de la intimidad con el Espíritu Santo, enséñanos a relacionarnos con Dios en lo más íntimo de nuestro ser.

Octubre 17

María Santísima fue en todo mujer y en todo Madre de Dios; ella no hizo nunca ninguna distinción entre estas realidades, dándonos a nosotros la más hermosa lección de cómo debemos vivir los cristianos nuestra realidad bautismal en la dimensión humana. En nosotros no puede separarse el cristiano del hombre, ni el hombre del cristiano.

No existen circunstancias en las que obremos como hombres y no como cristianos o como cristianos y no como hombres.

Nuestra Señora de la fidelidad, concédenos una fidelidad sin fisura ni distinción a nuestra vocación humana y a nuestra vocación cristiana.

Octubre 18

Busca a Dios, pues, si lo buscas, lo encontrarás y, si lo encuentras, toda tu vida cambiará de "color" y de sentido.

La humilde Virgen de Nazaret atrajo a Dios a su Corazón por su sencillez.

Ella, cuando el Ángel la saludó como Madre de Dios, no se envaneció sino que se llamó a sí misma "la humilde esclava del Señor".

Busquemos a Dios con la humildad de María y lo encontraremos con ella y como ella.

Madre de los humildes, concédenos un corazón sencillo donde pueda habitar el Señor.

Octubre 19

Para no fracasar en nuestro apostolado, sigamos el ejemplo que nos dieron los Apóstoles: cuando Jesús subió a los cielos, se reunieron todos alrededor de la Madre de Jesús y de ella recibieron las últimas recomendaciones antes de dispersarse por el mundo; ella iluminó sus mentes para la tarea de la evangelización.

Razón tiene, pues, la Iglesia al invocar a María como la Estrella de la evangelización.

Nuestra Señora de la fe, recuérdanos con insistencia que la fe no es tanto una aceptación fría de la inteligencia, cuanto un abrazar cálidamente a Cristo y a su mensaje.

Octubre 20

Fíjate en la vida de la Virgen María; ella nunca se quejó de que su divino Hijo hubiera tenido que nacer en una cueva y ser acostado en un pesebre, ni de que ella tuviera que vivir como una de las más pobres mujeres de Israel. No se quejó por ver a su Hijo Jesús perseguido por las autoridades y aun condenado a muerte y crucificado para salvar a los hombres.

María aceptó plenamente el plan de Dios, aunque para ella fuera dolorosísimo y humillante. Aceptemos nosotros en todo la voluntad de Dios.

Madre y Señora nuestra, enséñanos a rezar de corazón: "hágase tu voluntad así en la tierra como en el cielo."

Octubre 21

El Espíritu Santo reveló proféticamente a la Virgen María que ella sería alabada por todas las generaciones a través de los siglos, pero ella no se atribuyó a sí misma el mérito de ese coro de alabanzas, sino que glorificó al Señor, es decir, dio a Dios la alabanza y la gloria que los hombres le habrían de tributar a ella con el correr del tiempo. Tú también puedes sumarte a ese coro de alabanzas y cantar su gloria con entusiasmo y devoción.

Nuestra Señora del Magnificat, nos unimos a tus sentimientos y recitamos contigo: "Mi alma canta la grandeza del Señor, y mi espíritu se estremece de gozo en Dios, mi Salvador, porque él miró con bondad la pequeñez de su servidora" (Lc 1,46-48).

Octubre 22

Mientras la Virgen María vivió aquí en la tierra asumió sus responsabilidades de madre y de ama de casa. Ella no tuvo quien le hiciera las cosas de la casa; más bien se convirtió ella en servidora de su prima santa Isabel.

Para cumplir con el censo, que era una ley civil, viajó a Belén, la ciudad de sus antepasados, pese a lo avanzado de su estado de gravidez. María no se desentendió de las cosas materiales ni de sus deberes temporales, sino que los cumplió a la perfección. Aun en eso es nuestro modelo.

Nuestra Señora del hogar cristiano, que en todos nuestros hogares se hagan las cosas con amor y se fomente la unión y la paz.

Octubre 23

Que todas las páginas del libro de tu vida merezcan el visto bueno y la aprobación de la Maestra de la vida.

En cada página escribe un acto de devoción a la Virgen, una oración a ella.

No olvides que, si ella te presenta a Dios, estarás ciertamente salvado; llevando en el libro de tu vida la devoción a María, llevas contigo la mejor garantía de tu eterna salvación.

Nuestra Señora de los pobres, ponemos nuestras vidas en tus manos para que las presentes ante el Señor.

Octubre 24

San Antonio María Claret fue el apóstol de la Virgen, difundiendo por todas partes la devoción al Inmaculado Corazón de María; fue también el apóstol del santo Rosario por expresa voluntad de la Santísima Virgen, que le reveló que lo había elegido a él para que fuera el Domingo de Guzmán de su siglo, propagando la devoción al santo Rosario.

La jaculatoria que más repetía san Antonio María Claret era ésta: "Dulce Corazón de María, sé la salvación mía".

Nuestra Señora del Rosario, guarda nuestro corazón en tu Corazón porque lo que tú guardas bien guardado está.

Octubre 25

Si quieres encontrar un camino fácil, seguro y rápido para llegar a la santidad, no hallarás otro mejor que la devoción a la Virgen Santísima.

Te lo he repetido varias veces a lo largo de los meses ya pasados y lo hago de un modo consciente, porque sé la capital importancia que esto tiene.

No lo dudes; nadie como María te llevará a Jesús y por Jesús al Padre celestial; nadie como ella te apartará del pecado y te hará practicar las virtudes del Evangelio; nadie como ella te llenará del Espíritu Santo.

María, llena de gracia, llévanos a Jesús, único Mediador entre Dios y los hombres.

Octubre 26

La Iglesia invoca a María Santísima como Sede de la sabiduría, Madre de la divina ciencia, Maestra de la vida, Madre del buen consejo y otros títulos similares.

Si queremos penetrar y adelantar en la ciencia de Dios, alistémonos en el aula de esta bondadosa Maestra; ella mejor que nadie nos podrá llevar al conocimiento de quién es Dios y de las cosas de Dios.

El que conoce todas las cosas, pero no conoce a Dios, no ha alcanzado la verdadera sabiduría; el que conoce vivencialmente a Dios, en Él conoce todas las cosas.

Madre de la sabiduría, concédenos la sabiduría de los humildes y sencillos que descubren el rostro de Dios en los pobres y pequeños.

Octubre 27

La Virgen María se preocupó de Dios, de su divino Hijo Jesús, pero también se preocupó de nosotros los hombres y sufrió y oró e intercedió por los hombres.

Ahora, en el cielo, sigue interesándose por nosotros; sabe que nos hallamos necesitados de su ayuda y protección.

"Bajo tu amparo nos acogemos, Santa Madre de Dios, no desprecies las oraciones que te dirigimos en nuestras necesidades, antes bien líbranos de todo peligro, oh Virgen gloriosa y bendita" (Oración del siglo III, la más antigua dedicada a la Virgen.)

Octubre 28

El Evangelio nos trae aquella hermosa narración que nos presenta a la Virgen María en las bodas de Caná, preocupándose del bienestar de los invitados.

Ahora en el cielo no ha perdido su preocupación por nosotros y está siempre dispuesta a socorrernos en todas nuestras necesidades espirituales y temporales.

Invoquemos a la Virgen todos los días de nuestra vida con confianza, sabiendo que ella es maternalmente bondadosa; con humildad, pues ella es poderosa para conseguir cuanto se le pida; con amor, pues ella es nuestra Madre celestial.

Nuestra Señora de la fiesta de Caná: queremos imitarte con gestos de solidaridad y de ayuda, con gestos de comprensión y de cariño, para que Jesús convierta el agua de nuestra vida en vino nuevo para fiesta de nuestros hermanos.

Octubre 29

María fue elegida por Dios para ser la Madre del Verbo encarnado; desde ese momento es también la Madre del pueblo de Dios que vive en la historia de los hombres.

"Por medio de María, Dios se hizo carne; entró a formar parte de un pueblo; constituyó el centro de la historia. Ella es el punto de enlace del cielo con la tierra. Sin María el Evangelio se desencarna, se desfigura y se transforma en ideología, en racionalismo espiritualista" (Puebla 301).

Madre del pueblo de Dios, cuida de que el Evangelio nos llegue al corazón y transforme nuestra vida en anuncio de salvación encarnado en la historia de los hombres.

Octubre 30

Lucas nos dice que María guardaba los acontecimientos de salvación que realizaba su Hijo y los meditaba en el corazón (Lc 2,19.51). En el Evangelio Jesús proclamaba "feliz" a su Madre por escuchar la Palabra de Dios y practicarla (Lc 11,27-28).

María es Madre y es la perfecta discípula que se abre a la Palabra y se deja invadir por ella. Es la mujer del corazón habitado por la Palabra que cumple la voluntad de Dios convirtiéndose en lúcida y activa colaboradora de su Hijo.

Madre fiel a la Palabra, concédenos guardar la Palabra de Dios y practicarla.

Octubre 31

El himno maravilloso del Magnificat que entonó la Santísima Virgen, alabando la gloria del Señor y agradeciéndole las maravillas que en ella había obrado, es como la canción que ejecuta un solista en nombre de todo el coro, en nombre de toda la humanidad, que así agradecía a Dios el haberse hecho hombre para salvar a todos los hombres.

Nuestra Señora del Magnificat, que expresas la alegría de los pobres que han vivido la experiencia de un Dios Salvador, haz que siempre anhelemos la pobreza de espíritu y que siempre socorramos a los pobres de pan y de Dios.

Noviembre

Noviembre 1

María es la Reina de los santos y los ángeles por ser la Madre de Dios y haber tenido parte activa en los misterios salvíficos de Cristo; por eso la distinguimos con el superlativo: "Santísima". Desde siempre ha sido honrada en la Iglesia con un culto superior al de los santos y ángeles pero nunca igual al culto de "adoración" tributado sólo a Dios.

La Iglesia, al venerar así a la Madre, desea que el Hijo sea mejor conocido, amado y glorificado. La verdadera devoción a María no es un vago sentimentalismo o una pura necesidad psicológica, sino que es nuestra confesión de fe; así la reconocemos como la Madre de Jesús. La auténtica devoción nos lleva a amarla como hijos e imitar sus virtudes, sobre todo su disponibilidad para cumplir la voluntad de Dios.

"¡Alégrate!, llena de gracia, el Señor está contigo... Tú eres bendita entre todas las mujeres y bendito es el fruto de tu vientre!"

Noviembre 2

El recuerdo de nuestros difuntos nos comunica con el misterio de la muerte y la resurrección de Jesús, y es la oportunidad de renovar nuestra convicción de que la vida es superior a la muerte.

Has de considerar cómo el misterio de la muerte y la resurrección de Jesús se manifiesta de modo especial en María que, al terminar su vida terrena, fue llevada en cuerpo y alma a la gloria celestial y ensalzada por el Señor como Reina universal, asemejándose de forma más plena a su Hijo (LG 59).

Madre nuestra, glorificada en el cielo junto a Jesús, intercede por nuestro difuntos y por nosotros para que vivamos como buenos hijos de Dios.

Noviembre 3

Cuando María Santísima presenció la muerte de su Hijo no perdió la fe, no olvidó sus palabras y sus promesas; esperó su resurrección, que cambió la derrota en triunfo, las lágrimas en sonrisas, el dolor en alegría, las tinieblas en luz.

No lo olvides nunca, especialmente en la hora de la prueba: la historia no termina en los brazos de la cruz, sino en la gloria de la resurrección final.

Nuestra Señora de América Latina, convierte el dolor, las angustias e injusticias de nuestros pueblos en compromiso con la vida y en esperanza de resurrección.

Noviembre 4

Siempre es la Palabra de Dios la que da sentido a la vida.

Cuando la Virgen María recibe la Palabra de Dios, dialoga con el ángel en un clima de absoluta serenidad.

En este mundo cargado de tensiones, en esta vida "sin tiempo", encontremos, como María, serenidad en Dios, en su Palabra.

Que nuestra vida gire también siempre en la órbita de Dios.

Señora, te ofrecemos toda nuestra vida como propiedad tuya y te rogamos nos muestres el camino de la serenidad en la aceptación de la voluntad divina.

Noviembre 5

Los Padres de la Iglesia nos dicen que la Virgen María concibió al Señor por la fe en su corazón antes que en sus entrañas. Su maternidad tiene sentido por la fe y su entrega al plan de Dios. En su vida acogió también las palabras de su Hijo que anunció un Reino superior a los lazos de la carne y de la sangre y declaró "dichosos" a los que, como ellla, escuchan la Palabra de Dios y la practican (Cf Lc 11,27-28).

María vivió en la fe las obras realizadas en su persona por Dios y los acontecimientos de la vida de Jesús que superaban su comprensión. Así también ella avanzó en el camino de la fe y mantuvo fielmente la unión con su Hijo hasta la cruz, donde Jesús la hizo madre del discípulo y, en él, de todos nosotros, con estas palabras: "Mujer, aquí tienes a tu hijo" (Jn 19,26).

Nuestra Señora de la fe, aumenta nuestra fe y nuestra docilidad al plan de Dios, sobre todo cuando aparece la cruz.

Noviembre 6

No puedo menos de pensar en la grandeza, la bondad y la hermosura de Dios. Mi entendimiento no puede comprenderlo, ni abarcarlo, sino apenas rastrear sus maravillas.

Y si Dios es así infinitamente hermoso en sí mismo, no lo es menos en las obras de sus manos. Él hizo a la Santísima Virgen y la hizo tan maravillosamente grande y hermosa que supera con creces cuanto podamos nosotros imaginar. La hizo Virgen y Madre llena de bondad.

Quiso hacer de ella su obra de arte predilecta y así le salió, como nadie podía soñar, como sólo él la pudo inventar.

Virgen María, te alabamos con la liturgia: "Pureza inmaculada, espejo del Señor, ¡Oh fuente de gracia unida al Redentor! Belleza sin mancilla, encanto virginal, tú eres la alegría, la gloria del mortal."

Noviembre 7

La Virgen María se dejó guiar en su vida por las luces de la fe. Ella se movió en todo por las inspiraciones de la gracia y por las mociones e impulsos de los dones del Espíritu Santo.

Si nosotros queremos adelantar por el camino de la santidad, seamos dóciles a la voz del Espíritu que resonará en nuestro interior.

Nuestra Señora del Evangelio, haznos dóciles a la Palabra y conviértenos en anunciadores de la Buena Noticia para nuestros hermanos.

Noviembre 8

A nadie podríamos proponer como ejemplar de vida espiritual que estuviese a la altura de la Virgen María. Ella vivió en la mayor intimidad, en lo más secreto de su Inmaculado Corazón, su relación personal con Dios; allí en su purísimo Corazón y en la paz de su alma bendita adoró a la augusta Trinidad.

Allí, en lo secreto de nuestro corazón, es donde nosotros deberemos amar y servir a Dios: luego saldrá a lo exterior, pero como una consecuencia de lo que vivimos dentro.

Nuestra Señora del silencio, concédenos un corazón limpio habitado por Dios Padre que está en lo secreto, ve en lo secreto y da su recompensa.

Noviembre 9

La Virgen María vivió en profundidad la palabra recibida en el corazón y estuvo siempre iluminada por el Espíritu Santo. Pero fue una mujer lúcida y libre que realizó un discernimiento permanente de la voluntad de Dios. Así lo podemos entrever en la anunciación del ángel, en la profecía de Simeón, en la búsqueda angustiosa de Jesús en Jerusalén, en la huida a Egipto, en la escucha de la palabras de su Hijo cuando anuncia el Reino, en la inmolación de sí misma unida al sacrificio de la cruz, y en la espera orante de la venida del Espíritu después de la resurrección.

Puedes advertir, pues, que la fe de María incluyó una colaboración conciente y activa a la persona y a la obra de Jesús y que no fue un instrumento pasivo en las manos de Dios, sino que cooperó a la salvación de los hombres con obediencia y libertad de corazón.

María, Madre de Jesús, aumenta nuestra fe, ilumina nuestra libertad y renueva nuestra colaboración activa en el plan de salvación de Dios.

Noviembre 10

En la Virgen María podemos admirar muchas cosas, pero lo que más sobresale es su Corazón de Madre, su amor a Dios y a los hombres, amor simbolizado en su Corazón.

Hablar, pues, del Corazón de María es hablar del amor de María y hablar del amor de María es hablar de María como Madre de Dios y de los hombres.

El amor de la Virgen María por nosotros surge de una fuente inagotable, pues nos amó por Dios y para Dios.

Señora y Madre nuestra, concédenos ser como tú: "toda de Cristo y con Él toda servidora de los hombres".

Noviembre 11

Para llevar una vida testimonialmente cristiana, podemos fijarnos en la Virgen María, que fue modelo de todas las virtudes; el Evangelio nos dice que María no sólo escuchó la Palabra de Dios, sino que la cumplió y la vivió; en todo cumplió la voluntad de Dios; por eso fue santa y santísima.

Ojalá nosotros los cristianos imitemos los ejemplos de santidad que nos dio la Virgen Santísima; para ello será preciso que conozcamos bien la vida de María; para conocerla, habrá que leer o escuchar algo sobre ella; es lo que estamos haciendo ahora.

Señora Nuestra, concédenos un corazón limpio para conocerte mejor y amarte siempre más.

Noviembre 12

Después de Jesucristo, nadie ha sufrido tanto como la santísima Virgen María; la piedad cristiana la suele denominar "la Dolorosa", o la Virgen de los Dolores, o la Reina de los mártires. Y se la suele representar con su Corazón atravesado por siete espadas.

María al pie de la cruz es la imagen más sublime del dolor humano; una Madre que ve morir a su Hijo; cuando ese Hijo es nada menos que Dios y esa Madre es la Madre de Dios, el dolor no tiene límites.

El Corazón de María fue el Corazón que más sufrió, porque fue el Corazón que más amó.

Concédenos, Virgen Santa, comprender que para seguir a tu Hijo Jesús tenemos que tomar la cruz y ofrecer nuestra vida.

Noviembre 13

Si quieres conseguir un boleto de entrada en el cielo, fomenta en ti la verdadera y profunda devoción a la Virgen María. Ella es la Puerta del cielo; quien desee entrar en el cielo, ineludiblemente debe pasar por esa Puerta.

Los santos Padres de la Iglesia llamaron a María "la prenda segura de la salvación"; nunca jamás se ha oído que algún verdadero devoto de María haya sido abandonado por ella; animados con esta confianza, acudamos a María seguros de que no seremos desechados, sino que seremos recibidos y salvados por ella.

"Señora, abogada nuestra, vuelve a nosotros esos tus ojos misericordiosos, y después de este destierro muéstranos a Jesús, fruto bendito de tu vientre".

Noviembre 14

El pensamiento afectuoso que cada día ofrecemos a la Virgen en estos cinco minutos con ella, teniéndola presente en nuestra vida, esforzándonos por imitarla en todas nuestras obras, nos elevará sobre todas las cosas de este mundo y nos capacitará y dispondrá para mirar al cielo y vivir de un modo diferente.

Encontraremos a la Estrella de los cielos, la dulce Virgen María, que ilumina y marca el camino para llegar allá, donde ella está.

Virgen María, estrella de la mañana, haz que caminemos en la vida como hijos de la luz nacidos de la Pascua de Jesucristo.

Noviembre 15

El Evangelio debe ser la norma de tu conducta, el fundamento de tus criterios, la escala de tus valores; al fin y al cabo el Evangelio es Cristo viviendo, enseñando, muriendo, resucitando y salvando a los hombres de todos los tiempos.

En el Evangelio hallamos a su Madre Santísima, la Virgen María. Allí se nos narran las virtudes de la

Virgen, ya en su vida privada de Belén y de Nazaret, ya en la vida pública y apostólica de Jesús. Su humildad, su sencillez, su silencio y mansedumbre, su disponibilidad a la voluntad de Dios trazan lo que podríamos llamar "el evangelio mariano".

María del Evangelio, conviértenos en anuncio viviente del Reino.

Noviembre **16**

Hermosa costumbre la de ofrecer a Dios las oraciones matinales, para saludar a nuestro Padre celestial. Y si en las oraciones de la mañana saludamos al Padre que está en los cielos, ¿cómo no vamos a presentar también nuestro saludo a la Madre celestial?

¿Cómo no ofrecerle todas las obras del día, nuestros trabajos, el cumplimiento de nuestros deberes, los sufrimientos y las alegrías, nuestros deseos y nuestras ansias?

¿Cómo no encomendarnos a la buena Madre, pidiéndole que en el día no se olvide de nosotros, sobre todo en los momentos de mayor apuro o de más grave peligro? Como el niño que está en peligro llama a su madre, llamemos nosotros a la Madre del cielo y ella acudirá a socorrernos.

Virgen María, acrecienta nuestra fe en el amor del Padre, en la gracia de Jesús y en la presencia del Espíritu. Danos confianza en tu protección de Madre y guárdanos en tu corazón.

Noviembre 17

Pasaste por el mundo en medio de tinieblas,
sufriendo cada paso la noche de la fe;
sintiendo cada día la espada del silencio,
a oscuras padeciste el riesgo de creer.

Guardaste bajo llave las dudas y batallas,
formándose el misterio al pie del corazón;
debajo de tu pecho de amor inagotable,
la historia se escribía de nuestra redención.

Nuestra Señora, Madre de los creyentes, enséñanos tu confianza, enséñanos a crecer en la fe.

Noviembre 18

Gracias Dios mío, por haber sido tan bueno que nos has dado por Madre a la Virgen María, tu propia Madre.

Gracias por habernos dado en ella la fuente de la gracia, la indulgencia bondadosa del perdón de todas nuestras culpas; la luz para las almas, la suave esperanza de nuestro corazón.

Gracias, Señor, te damos por tan solícita Madre, que a todos nos procura la eterna salvación. Gracias porque la hiciste tan grande y tan hermosa, gracias por su purísimo e inmaculado Corazón.

Te pedimos, Madre, que tu bondad nos aliente a vivir nuestra vocación cristiana en permanente acción de gracias.

Noviembre 19

Nunca diga tu boca lo que tu pensamiento no acepta; nunca diga tu boca lo que tu vida no predica y nunca vivas como no piensas que se debe vivir.

Pocas son las ocasiones en las que el Evangelio nos menciona a la Virgen María; menos aún las veces en las que ella tomó la palabra; pero las pocas palabras suyas que nos han sido trasmitidas brillan por su prudencia y por su mesura, como dándonos ejemplo y enseñándonos el modo en que nosotros debemos hablar: siempre verazmente y con debida prudencia.

Nuestra Señora de la verdad, que nos sumemos a tu canto profético proclamando la libertad de los hijos de Dios y el cumplimiento de la promesa.

Noviembre 20

La devoción que tengas a la Virgen María, y la seguridad de su protección, no pueden eximirte de poner tu esfuerzo personal, apartándote del pecado y ejercitando tu alma en todas las virtudes.

La devoción a la Virgen potenciará y elevará tu acción personal; haz tu esfuerzo personal y ofrécelo a la Virgen; deja que lo demás corra por su cuenta.

Virgen María, me pongo bajo tu protección materna y te ruego que bendigas mi esfuerzo por ser fiel al Evangelio de tu Hijo Jesús.

Noviembre 21

María, consagrada totalmente a la persona y a la obra de Cristo, no tuvo otro deseo que colaborar activamente en el plan de salvación de Dios

Para María, cumplir la voluntad de Dios no siempre fue agradable, por lo que Dios le pedía. Sin embargo, como Jesús, la voluntad del Padre celestial fue su alimento.

Nuestra Señora, que también nuestro alimento sea hacer la voluntad del Padre celestial.

Noviembre 22

Podemos imaginarnos, como lo han hecho los santos y santas, y los artistas cristianos, que María se recluía con frecuencia en su humilde casa de Nazaret para entregarse a la oración y alabanza a Yahvé.

Seguramente ninguna alabanza sería más grata a la divina Majestad que la oración ferviente de aquella jovencita de Nazaret.

Tan agradable fue aquella oración, que Dios envió al ángel Gabriel con un saludo jamás oído y nunca recibido por criatura alguna humana: "¡Alégrate!, llena de gracia, el Señor está contigo" (Lc 1,28).

Nuestra Señora, que cuidemos la gracia de Dios en nuestro corazón.

Noviembre 23

Los verdaderos devotos de la Virgen María cultivan en su corazón una confianza especial de llegar al cielo a contemplar el rostro de Dios y el rostro de la Madre. Los santos nos hablan de que la devoción a la Virgen María es prenda segura de salvación, que aquel por quien la Virgen interponga su favor, está seguro de su salvación.

María es el cielo de Dios; quien se acerca a María, se acerca al cielo.

Virgen Santa, renovamos nuestra confianza en tu intervención y en tu protección materna: guíanos en nuestra peregrinación a la casa de Dios.

Noviembre 24

Vivir en gracia de Dios es vivir ya en el cielo, pues es vivir en Dios, que es la causa eterna de la felicidad.

A María Santísima la invocamos como "Madre de la divina gracia"; de ella esperamos conseguir la santidad de vida y la pureza de costumbres que nos hagan merecedores de la gracia divina, don sobrenatural otorgado por la infinita bondad del Señor del que la celestial Señora puede disponer y capacitar nuestra alma para recibir tan privilegiado regalo.

Nuestra Señora, que esperaste con toda la Iglesia la plenitud del Espíritu Santo, que apreciemos y hagamos crecer sus dones en nosotros.

Noviembre 25

La Virgen se dio a sí misma y nos dio lo que amaba más que a su propia vida –su Hijo Jesús– porque nos amaba entrañablemente; ese amor fue el que la invitó a sufrir por nosotros y a entregar a su Hijo para que nosotros fuéramos salvados.

Su amor fue un amor sincero y por lo tanto oblativo; el que ama, se da; María nos amó como hijos y se nos dio como Madre.

Nuestra Señora de la entrega, concédeme darme sin medida a los que me rodean.

Noviembre 26

María en su adolescencia seguramente había trazado para sí un hermoso proyecto de vida, similar al de tantas jovencitas de su pueblo.

Pero Dios modificó ese proyecto y, conservando milagrosamente su virginidad, hizo que su vida y su misión personal se centraran en su maternidad divina.

María aceptó la voluntad de Dios que cambiaba sus planes personales, y se entregó plenamente a lo que Dios quería de ella.

Nuestra Señora de los que siguen a tu Hijo Jesús, que estemos dispuestos a ceder nuestros planes, para aceptar los planes de Dios.

Noviembre 27

En la tradición de Israel las corrientes de agua son un símbolo de la vida que Dios da a su pueblo, especialmente en los tiempos mesiánicos anunciados por los profetas.

Cuando María llevaba su cántaro a la fuente para llenarlo de agua refrescante, llevaría al Nino Jesús consigo e iría pensando quizá este tema tan querido para su pueblo, y podemos pensar que se lo comentaría a Jesús.

Con el correr de los años María se iba a ver colmada por el agua de la vida que brotaría del misterio de la muerte y resurrección de Jesús, Pascua de la Nueva Alianza y realización plena de los símbolos y anuncios proféticos sobre su vida.

Nuestra Señora de Nazaret, llena el cántaro de nuestro corazón con el agua de la vida nueva que brota de la Pascua de Cristo.

Noviembre 28

El ángel saludó a María como "llena" de gracia. Dios concedió a la que iba a ser Madre de su Hijo esa plenitud de gracia desde el primer instante de su existencia, pero esa gracia también creció hasta alcanzar un grado que no puede llegar a comprender la mente humana.

Los cristianos también estamos llamados a crecer en la gracia y en la virtud, expandirlas y comunicarlas.

María, Virgen fiel, concédenos crecer en gracia y ser fieles administradores de los dones recibidos para bien del Reino de Dios.

Noviembre 29

Cristo es el que te pide que en la vida llegues a ser fermento que haga levantar la masa, que la haga apta para formar un pan capaz de apagar el hambre del mundo de hoy.

La función y misión personal de María es esencialmente maternal: hace posible la vida de Cristo en nosotros. Como Madre nuestra, nos la da diariamente –y nos la aumenta–, de suerte que cada día vamos viviendo más y mejor.

María, que comuniquemos a los hombres la vida divina y seamos así "fermento" en la masa de la humanidad.

Noviembre 30

Has de considerar que la Virgen, que participó en la cruz de Jesús, participó también en la glorificación de su Hijo resucitado por el poder del Padre. Ella es nuestra Madre no sólo desde la cruz sino desde la resurrección. La vida de la gracia brota, al mismo tiempo, de la muerte y la resurrección de Cristo: único e inseparable misterio de amor.

María, siendo de modo inseparable la Madre del crucificado y resucitado es Madre de todos los hijos de Dios, nacidos de la Pascua de Jesús.

María vivió en su corazón el gozo de la resurrección y sus entrañas exultaron de júbilo por el triunfo del resucitado.

Madre nuestra, te decimos con la Iglesia: Reina del cielo, alégrate, aleluya, porque Cristo, a quien llevaste en tu seno, aleluya, ha resucitado según su palabra, aleluya. Ruega al Señor por nosotros, aleluya.

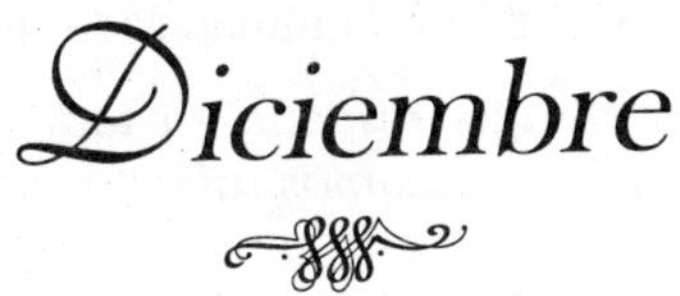

Diciembre 1

Podríamos preguntarnos quién fue para la Virgen su prójimo.

Si recordamos que nuestro prójimo es simplemente todo aquel que tiene necesidad de nosotros, hemos de deducir que todos los hombres son para María "el prójimo", porque todos necesitamos de ella y de hecho ella nos socorre a todos; así cumple ella el precepto de amar a Dios y al prójimo.

Nuestra Señora de la caridad, ayúdanos a descubrir el rostro de tu Hijo Jesús en el rostro de nuestros hermanos necesitados.

Diciembre 2

Con su amparo maternal la Madre celestial nos ayuda a vivir como cristianos auténticos: que nuestras obras respondan a nuestras palabras y nuestras palabras estén acordes con nuestros sentimientos y que nuestros sentimientos sean producto de nuestros pensamientos.

Que en todo nos asemejemos a la dulce Madre, toda pura, toda santa, toda inmaculada, toda luz.

María, poema que resuena en toda la creación, bendícenos para que seamos mejores cristianos.

Diciembre 3

Reina de los Apóstoles, Reina de los misioneros, Estrella de la evangelización: así llama la Iglesia a la Virgen, nuestra Señora.

En ella encontraron los apóstoles la luz, el consejo y la fuerza para lanzarse a la ardua empresa de la cristianización del mundo pagano. En ella encontraron consuelo y apoyo los misioneros de Cristo que, a través de los siglos, continuarían la misión de la Iglesia evangelizando los cinco continentes.

María, sé tú la estrella de nuestra espiritualidad misionera en un mundo necesitado de Dios.

Diciembre 4

Nada malo agrada a Dios ni a la Santísima Virgen: los devotos de María siempre tuvieron como meta agradar en todo a la celestial Señora y, por su intermedio, a Nuestro Señor.

La devoción a la Virgen ha sido siempre un verdadero y poderoso estímulo para la purificación de la propia vida y para el progreso en el camino de la perfección. No la abandonemos nunca, de modo que podamos llegar a la santidad a la que estamos llamados.

María, que te consagraste sin titubeos a tu vocación, con todos sus riesgos, anima la realización de nuestra auténtica vocación.

Diciembre 5

En su vida, la Virgen María no ha realizado cosas llamativas ni ha emprendido hazañas extraordinarias. Ella se santificó haciendo todas las cosas que hacían las mujeres de su tiempo.

Tampoco nosotros debemos buscar la santidad en cosas extraordinarias sino en hacer las cosas ordinarias de un modo extraordinario, por el amor con que las hacemos.

María, impúlsanos a realizar las tareas de cada día con mucho amor y bondad.

Diciembre 6

La Virgen María, siguiendo el ejemplo de Jesús, no juzgó ni condenó siquiera a los mismos que estaban crucificando y dando muerte a su Hijo Jesús. Ella también repetía las palabras del Redentor: "Perdónalos porque no saben lo que hacen".

Cuando intercede por nosotros, también nos disculpa ante el Padre celestial y nos consigue su perdón.

Sigamos nosotros su ejemplo y nunca juzguemos a los demás, y menos aun los condenemos, porque si ellos tienen una motita en el ojo probablemente nosotros tengamos una viga.

María, enséñanos a perdonar setenta veces siete.

Diciembre 7

Nadie tan delicado en todas sus cosas como la Virgen Inmaculada; Dios la revistió de gracias para hacerla su morada.

También a nosotros –morada del Espíritu– nos colma de bienes y nos invita a resplandecer y a ser luz en la oscuridad de las almas.

María, Virgen santa, que apreciemos los bienes que Dios nos ha dado para compartir con nuestros hermanos.

Diciembre 8

El pueblo cristiano la llama "la Inmaculada", porque quiere expresar que María fue libre de todo pecado y también que Dios la colmó con su gracia.

Como hijos, ¿nos parecemos un poco a nuestra Madre?

María Inmaculada, sueño eterno de Dios hecho realidad en el tiempo, que se haga realidad también el sueño que Dios tiene sobre nosotros.

Diciembre 9

No solamente hermoso, sino también muy provechoso es contemplar y extasiarse ante la sonrisa de la Virgen.

Contemplemos su imagen, mirémosla con sencillez y limpieza de corazón: descubriremos una suave, dulcísima y penetrante sonrisa maternal. Limpia, tierna, bondadosa y alentadora.

Que esa sonrisa encuentre lugar también en nuestros labios y no la borre ninguna circunstancia.

María, hazme sembrador de sonrisas para que a mi lado florezcan otras nuevas y el mundo sea un poco mejor.

Diciembre 10

Después del Evangelio, en ninguna parte podemos aprender mejor el amor que en el Corazón de María. Su corazón, envuelto en llamas, purifica, se irradia y enciende a todas las criaturas.

El hombre, eterno peregrino en busca del amor, nunca hallará un amor más limpio ni más inmenso.

María, que todos los hombres acudan a tu Inmaculado Corazón.

Diciembre 11

En aquel feliz hogar de Nazaret que formaban Jesús, María y José, cada uno cumplió su misión y su deber.

María fue la esposa solícita que acompañó al bendito san José en los trabajos, en las privaciones, en la huida a Egipto, en todas las alternativas de la Sagrada Familia.

María fue la madre tierna y amorosa que supo atender a su Hijo Jesús en las necesidades que los urgían.

En aquel hogar todos eran para todos. Los tres vivieron para los tres.

María, que nuestros hogares se parezcan a tu hogar de Nazaret.

Diciembre 12

Estar enamorado de la Virgen, nuestra Madre, es hallar una razón para vivir.

Sus ojos se posan en los nuestros y nos dan la luz que nos hace ver y gozar las cosas de Dios.

Enamorarse de la Virgen es elevarse sobre la oscuridad de la tierra, beber la luz que brota de su manto, e ir haciéndonos de a poco semejantes a Jesús.

María, extiende la caricia de Jesús sobre la humanidad sufriente.

Diciembre 13

¡Los ojos de la Inmaculada!

Limpísimos y llenos de luz, sin la menor nube que pudiera hacerles perder su brillo. Ojos serenos como el cielo azul, inocentes como los de una virgen, tiernos como los ojos de una madre.

Miremos a las cosas y a las personas con los ojos de la Virgen y las veremos en una nueva dimensión.

María, préstame tu mirada para ver el mundo.

Diciembre 14

La Virgen María, cuando aceptó ser Madre del Mesías, se puso en manos de Dios para hacer su voluntad. Ya los primeros acontecimientos difíciles de la vida de Jesús fueron purificando su fe y profundizando su entrega sin límites.

María fue descubriendo, a la luz de la fe, el destino de su Hijo como el Siervo sufriente de Yahvé anunciado por los profetas. Todo llegó a su culmen en la traición del pueblo y en la muerte humillante en la cruz. La Virgen Madre vivió en su corazón la cruz del sufrimiento, pero su fe le hizo vislumbrar la resurrección del crucificado.

Ningún corazón vivió con tanta profundidad el gozo de la resurrección.

Virgen Madre, te queremos acompañar en tu cruz y te pedimos poder participar también del júbilo y la exultación del Resucitado.

Diciembre 15

Toda la vida de María Santísima se orientó a colaborar plenamente en la misión redentora de su Hijo Jesús.

Sus dolores, sus pruebas y sufrimientos, lo mismo que sus alegrías y sus momentos de intimidad en la casa de Nazaret, todo lo vivió María como preparativo para que Jesús pudiera realizar más adelante su obra salvadora.

Aceptar las contrariedades permitidas por Dios es una forma de colaborar con el Redentor en la elevación del mundo; Dios quiere redimir al mundo con la libre colaboración de todos los hombres de buena voluntad. Los cristianos estamos especialmente llamados a ser colaboradores generosos en la obra de Dios.

María, que seamos buenos colaboradores de Dios en la construcción del Reino.

Diciembre 16

Los ángeles cantaron sobre la gruta de Belén y su canto quedó grabado en el Evangelio: "Gloria a Dios en las alturas"; pero lamentablemente no ha quedado constancia del himno de acción de gracias y de alabanza a Yahvé que seguramente brotó de los labios y del Corazón de la humilde Virgencita de Nazaret.

El corazón del cristiano se ha de convertir en un arpa templada de cuyas cuerdas tensas puedan brotar notas vibrantes y dulcísimas que canten las alabanzas del Señor.

Nuestra Señora de Belén, que brote de mi corazón un canto de gloria y alabanza a Dios y de paz a los hombres amados por él.

Diciembre **17**

La vida de la Virgen María fue una vida dura y sacrificada por lo pobre y humilde, carente de muchas comodidades. Su casa era de las más sencillas de la pobre ciudad de Nazaret. Los elementos de que disponía eran los más rudos, y primitivos; ésa fue la vida que llevó María y ése el ambiente que la rodeó.

Nuestra vida, por ser cristiana, debe señalarse por la sencillez y la humildad, rehuyendo todo lo que sea lujo y ostentación y exceso de comodidad.

Nuestra Señora de la pobreza y humildad, concédeme un corazón simple y sencillo y ayúdame a rehuir el lujo, la ostentación y la comodidad.

Diciembre **18**

La vida de la Virgen fue también una vida muy dolorosa y con circunstancias muy amargas: vio a su Hijo nacer en una cueva de animales, lo vio perseguido a muerte ya en su niñez, tuvo que huir a Egipto para salvarlo y lo vio después en su vida pública desconocido, rechazado, perseguido, calumniado, tomado preso, condenado a muerte, clavado en la cruz, muerto y escarnecido...

La vida del cristiano también se desarrolla a veces en circunstancias muy dolorosas, pero sabiendo que la misma Madre de Dios conoció las lágrimas y sufrió tanto en su vida, le otorga fuerzas para llevar el dolor en paz y aun con alegría.

María, ven y danos la alegría
que nace de la fe y del amor,
el gozo de las almas que confían
en medio del esfuerzo y del dolor.

Diciembre 19

Allá, en el retiro de su casa, la Virgen María se concentraba en la oración; concluidos sus quehaceres domésticos oraría a Yahvé, recordaría las promesas de salvación a su pueblo, rezaría salmos e himnos de alabanza y su alma se alegraría en la contemplación del Dios que salva.

Nuestra oración ha de ser frecuente; no será preciso para ello salir de casa; la Biblia no debe caerse de nuestras manos; y la Palabra de Dios debe ocupar nuestros pensamientos y nuestros afectos.

María, que sea yo reflejo de la verdad, con sencillez, con sinceridad, con serenidad.

Diciembre 20

El alma y el cuerpo de la purísima Virgen María fueron como dos instrumentos que producían una misma melodía, que alababa y cantaba las grandezas del Señor. Jamás en su cuerpo o en su alma hubo la menor disonancia que distorsionase la melodía de su canto.

En nosotros, quizá en alguna ocasión nuestro cuerpo se rebele o nuestro espíritu nos hagan sentir sus instintos soberbios; sobre ese fondo desagradable y sucio, tratemos de que se destaque el amor de nuestro corazón, que nos eleve a Dios.

María, que sea mi vida como una flauta en la que Dios pueda tocar –y hacer oír– sus melodías.

Diciembre 21

"Hágase tu voluntad" fue la respuesta que la Virgen dio al Señor, sometiéndose a la infinita y perfectísima voluntad de Dios.

A partir de entonces su vida se regirá por el querer divino, incluso cuando ese querer suponga sacrificios.

Al rezar el Padrenuestro le pedimos a Dios que se cumpla su voluntad y, con ello, nos ponemos incondicionalmente en las manos del Padre celestial. Jamás podremos arrepentirnos de haberlo hecho, porque en ningún lugar nos vamos a sentir mejor que en los brazos del Padre.

Nuestra Señora del sí, por tu mediación nos ponemos en las manos de Dios Padre para hacer su voluntad.

Diciembre 22

De la boca de la Virgen salió aquel *fiat* que se fraguó primero en su Inmaculado Corazón. Aquel *fiat* significó una entrega personal sin retaceos, para que en ella se cumplieran las palabras de Dios.

El sí de María nunca fue retirado. Más bien reafirmado, renovado y reactualizado, hasta repetirlo con nuevo espíritu al pie de la cruz.

María, toda consagrada a Dios, nos ponemos en tus manos para que nos ofrezcas y consagres al Padre.

Diciembre 23

Cuando la Virgen fue al templo para presentar a su Hijo Jesús, no solamente lo ofrendó al Padre celestial sino que también se ofreció ella como colaboradora en la obra redentora de su Hijo; fue aquel el momento del ofertorio u ofrenda de la misa que Jesús había iniciado en Belén.

La consagración de esa misa vendría después, en la cima del monte Calvario, y allí también María estaría presente en ese momento supremo de la consagración.

No basta que nosotros nos ofrezcamos al Señor; es preciso que lleguemos a consagrarnos a Dios y a sus cosas.

María, de alma clara y límpida como agua de manantial, fortalece mi consagración a Dios.

Diciembre 24

En la familia humana el elemento cohesivo, que une estrechamente a todos los integrantes del hogar es, a no dudarlo, la madre, con su ternura, su intuición, su entrega sin reservas.

En la familia de Dios es también ella, la dulce Madre buena, la Virgen María, la que unirá a los hijos de Dios, la que impedirá la dispersión, la que construirá la verdadera comunidad de la Iglesia.

En ella y por ella desaparecen los "yoes" y los "túes" y aflora el "nosotros"; todos juntos, hijos de un mismo Padre Dios y de una misma Madre, la Virgen María.

"María, convertida en mansión estable del Espíritu de Dios" (MC 26), ayúdanos a pronunciar el "nosotros" en toda circunstancia.

Diciembre 25

El día de Navidad contemplamos a Jesús en la cuna, pero también se nos presenta la dulce Madre absorta en la contemplación de su divino Hijo, en éxtasis sublime frente a la gloria de la divinidad.

Pobre, muy humilde, muy necesitada en las cosas materiales, pero inmensamente rica al poseer a Dios.

Madre mía: Hoy te recuerdo en Belén cuando te llegó el tiempo de ser madre y diste a luz a Jesús, lo envolviste en pañales y lo acostaste en un pesebre porque para ti y tu Hijo no había lugar en el albergue. Hoy como nunca te siento madre y te consagro mi amor y mi ternura. Haz nacer a tu Hijo Jesús en mi corazón.

Diciembre 26

Cuando la Virgen oraba al Padre de los cielos, teniendo a Jesús en sus brazos, le ofrecía aquel Hijo recién nacido, que era todo para ella, y con él, se ofrecía por entero.

Cuando nosotros nos ofrezcamos a Dios, no nos reservemos nada para nosotros, no limitemos nuestra entrega. Que nuestra vida sea –como la de María– poseída por el Espíritu de Dios.

María, que conduces a tus hijos para vencer con enérgica determinación el pecado (MC 57), impúlsanos a poner nuestros talentos y habilidades, nuestro tiempo y todo lo que poseemos al servicio de Dios.

Diciembre 27

Juan Evangelista recibió a María por Madre. Jesús no podía otorgarle título más tierno y embellecedor que el de "Hijo de María".

Como dice la liturgia, nosotros compartimos su honor, pues también nosotros somos hijos de María. Su honor y su responsabilidad.

Amemos a María y hagamos siempre cuanto le agrada a tan buena Madre. ¡La Madre de Dios es mi Madre!

María, quiero ser buen hijo tuyo, amarte con todas mis fuerzas y todo tu corazón.

Diciembre 28

En la conmemoración de los Santos Inocentes, que en este día celebramos, podemos suponer los sentimientos que albergaría el Corazón de la Madre del Niño Jesús, que era propiamente el buscado, el perseguido a muerte.

¡Cómo lo apretaría en su regazo maternal mientras iba camino del destierro, temiendo momento a momento encontrar a los soldados con sus espadas ya ensangrentadas!

María estaba dispuesta a defender con su vida la vida del Niño Jesús.

¿Cómo defendemos nosotros la inocencia de los niños?

María, Madre de la vida, cuida de los inocentes, de los pobres, de los desprotegidos y convierte el corazón de los que atentan contra la vida.

Diciembre 29

Si Cristo es la luz, María es la portadora de la luz; si Cristo es el camino, María es la señal que nos asegura que vamos por el buen camino; si Cristo es la verdad, es María la Maestra que nos enseña esa verdad; si Cristo es la vida, es de María de quien nos viene esa vida.

Así el devoto de María sabe de dónde viene, sabe adónde va y sabe por dónde debe ir. No tiene miedo a equivocarse; es el hombre de la seguridad.

Nuestra Señora de la luz, ilumina mi camino y conviérteme en luz para los que caminan en tinieblas.

Diciembre 30

Cristo muerto en la cruz y sepultado dio apariencia de fracaso.

Con su resurrección gloriosa fracasaron todas las apariencias.

María no se dejó llevar por las apariencias del fracaso y, aun envuelta en su manto de dolor, no perdió nunca la esperanza en la resurrección.

La vida del cristiano es la vida de una esperanza, pero no de una esperanza que pueda resultar fallida; es una esperanza cierta, segura de que en ella habrá de triunfar la Palabra de Dios.

María dijo sí y Dios vino a nosotros, está con nosotros, obra en nosotros y nos salva.

Diciembre 31

En este último día del año será bueno meditar que María Santísima fue la primera criatura pensada por Dios desde toda la eternidad.

María fue predestinada en el mismo decreto por el que Dios destinó a su Verbo eterno para hacerse hombre; porque Dios quiso hacerse hombre en el seno de una mujer y esa mujer era María.

María está así puesta en la cima de toda la creación, como la corona de la obra de Dios, la más sublime, la más perfecta después de Dios.

Terminemos el año con una alabanza a Dios por haber hecho a María tan maravillosamente buena y hermosa.

María, que dedique toda mi vida a vivir tu espíritu y difundir tu amor.

Mi Adiós

¡Hermano devoto de la Virgen María!

Durante todo un año hemos ido meditando la realidad excelsa de la Madre de Dios, que es también nuestra Madre.

Te he ido presentando así, en forma de breves pensamientos, la persona y la misión de María en ti y en la Iglesia de Jesús.

Habrás notado que algunas ideas se han repetido en diferentes días y meses a lo largo del año; no ha sido impensado, sino muy consciente ese proceder; porque ciertas ideas son de capital importancia y era necesario repetirlas para grabarlas más profundamente en tu alma a fin de que, al terminar el año, estuvieras plenamente convencido de ciertas realidades espirituales que tienen lugar en ti por intermedio de la dulce Madre del cielo.

Ahora te dejo y te deseo que sigas viviendo siempre esa espiritualidad mariana, que no ha de ser fruto de un entusiasmo ocasional, sino fruto de la convicción de la elección de María como Madre de Jesús y Madre de la Iglesia. Es, pues, tu Madre. Ámala de corazón e invócala siempre con la confianza de hijo:

"¡Alégrate!, llena de gracia, el Señor está contigo."

Citas

Documentos de la Iglesia

LG	Concilio Vaticano II, Constitución dogmática **Lumen Gentium** sobre la Iglesia
MC	Pablo VI, Exhortación apostólica **Marialis Cultus** sobre el Culto a la Virgen María
Puebla	Documentos de Puebla, III^a^ Conferencia Episcopal Latinoamericana

Biblia

Mt	Evangelio según San Mateo
Mc	Evangelio según San Marcos
Lc	Evangelio según San Lucas
Jn	Evangelio según San Juan
Gal	Carta a los Gálatas
Sal	Libro de los Salmos

Notas

En las páginas que siguen les ofrecemos la posibilidad de registrar impresiones, sentimientos y todo aquello que les suscite la lectura de las reflexiones del padre Milagro.

Notas

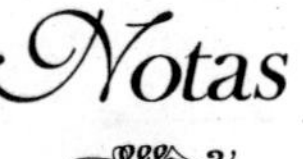

Indice

Obras del padre Alfonso Milagro

Cinco minutos con Jesús

El Evangelio meditado

Los cinco minutos de Dios

Pisando fuerte en la vida

Vive la sacramentalidad de tu matrimonio

Meditando la vida

Consignas